초보엄마
2~7세
알찬밥상

유아식 1위, 베베쿡 두뇌+성장 최강 레시피 공개!

베베쿡 지음

진원

초보엄마 2~7세 알찬밥상
The Bebecook recipe of baby food

초판 1쇄 인쇄 2015년 7월 5일
초판 6쇄 발행 2019년 12월 20일

지은이 • 베베쿡
발행인 • 강혜진
발행처 • 진서원
등록 • 제 2012-000384호 2012년 12월 4일
주소 • (03938) 서울시 마포구 월드컵로36길 18 삼라마이다스 1105호
대표전화 • (02) 3143-6353 / **팩스** • (02) 3143-6354
홈페이지 • www.jinswon.co.kr | **이메일** • service@jinwson.co.kr

편집진행 • 성경아 | **기획편집부** • 김선유, 이다은 | **표지 및 내지 디자인** • 디박스 | **인쇄** • 교보 P&B | **마케팅** • 강성우

사진 • 김영기 | **어시스턴트** • 심하림
푸드스타일링 • 레몬밤키친 강자수
어시스턴트 • 정다해, 전혜정, 이주연
협찬 • 카루셀리 www.karuselli.co.kr | 에델바움 www.mugenmall.com | 세라믹플로우 www.ceramicflow.com

ISBN 979-11-86647-00-4 13590

진서원 도서번호 140010

값 14,800원

이 도서의 국립중앙도서관 출판예정도서목록(CIP)은 서지정보유통지원시스템 홈페이지(http://seoji.nl.go.kr)와 국가자료공동목록시스템(www.nl.go.kr/kolisnet)에서 이용하실 수 있습니다. (CIP제어번호 : 2015016392)

15년간 120만명 돌파,
대한민국 1등 베베쿡!

베베쿡 곁에는 든든한 원군, 엄마체험단이 있습니다.
공장견학체험단, 시식체험단, 레시피체험단 등
엄마체험단 덕분에 여기까지 올 수 있었습니다.
눈물 쏙 빼는 쓴소리도, 신바람나는 단소리도 모두 감사드립니다.
작은 보답으로, 베베쿡 비밀 레시피를 공개합니다.
책이 만들어지는 동안 엄마체험단 덕분에
베베쿡 레시피는 오히려 한 단계 진화했습니다.

Special Thanks to

쩡이님, 글라라님, tlm777님, 채소맘님, 키멜님, 루시님, 김군님, 정블리님, 지은이님, Anna님, 쵸쵸바이러스님,
가브리엘라님, 오뱅님, Sera님, 깅깅와님, 한결같은맘님, 노는엄마영님, 이브짱님, mintapple77님, 까꿍맘님,
pinkelephant님, 비비님, 꽃이뿌님, heysay님, bdro님, 조아님, 솔이님, 준영맘님, 솔나무님, 에레사님, edisa님,
요조님, 폴엔드님, 소다님, TRA님, mimi님, JJAng님 그리고 그밖의 여러 엄마체험단 여러분들 모두!

앞으로도
"아기는 건강하게, 엄마는 행복하게"라는 가치를
온 힘으로 지켜내겠습니다.

진심으로 감사드립니다.

머 리 말

베베쿡 이유식, 유아식 1위!
감사의 마음을 담아 레시피 공개

베베쿡은 "아기를 건강하게, 엄마를 행복하게"라는 모토로 홈메이드 이유식과 유아식을 만들어왔습니다. 아이 음식을 만드는 일은 초심을 잃는 순간 회사의 존망이 위태롭게 되는 일입니다. 따라서 레시피 개발부터 생산, 마케팅 과정까지 매 순간 깐깐하고 엄격할 수밖에 없습니다.

이 과정에서 베베쿡 직원은 물론 수많은 엄마들이 함께해주셨습니다. 변함없는 성원을 주시기도 하고, 서슬퍼런 불호령을 치시기도 했습니다. 그 덕분일까요? 15년 만에 주문고객수 120만명 돌파, 국내 1위라는 성과를 얻게 되었습니다. 대한민국 엄마들과 함께 만든 레시피이므로 공개하는 것이 좋다는 생각에 베베쿡의 첫 책 <초보엄마 안심 이유식>을 출간했습니다.

이유식 책을 칭찬한 엄마들의
유아식 출간 문의 쇄도!

책을 내자마자 많은 분들이 열렬한 반응을 보이셨습니다. "이렇게 레시피를 공개하면 회사는 뭐 먹고 사느냐", "오트밀처럼 뜨는 식재료로 최신 레시피를 소개해서 좋다", "역시 베베쿡이 만들면 다르다", "개인 블로거 책보다 믿을 만하다" 등등 칭찬도 많이 받았습니다.

하지만 곧이어 엄마들은 이유식 단계가 끝난 후 아이에게 먹일 밥, 국, 반찬 레시피도 책으로 내달라 하셨습니다. 베베쿡은 이유식뿐만 아니라 유아식까지 제공하고 있습니다. 이왕 레시피를 공개한 마당에, 여세를 몰아 유아식 레시피도 공개하자 결심했고 이에 두 번째 책을 내게 되었습니다.

생후 24개월 전까지 두뇌식단, 그 이후는 성장식단!
어른보다 신장이 덜 발달된 아이들, 저염습관 필수!

유아식은 이유식이 마무리되는 생후 12~14개월 전후, 늦어도 15개월 이후면 시작합니다. 그리고 초등 전 7세 전후에 마무리되지요.

유아식이 시작되면 이유식 때와 달리 눈에 보이는 신체적 성장은 더디지만 내부적으로는 두뇌발달이 급격하게 이루어집니다. 따라서 이유식이 끝난 직후에는 '두뇌식단'에 신경써야 합니다. 특히 중추신경계는 만 2세까지의 영양상태에 따라 발달 정도가 달라지므로 엄마의 관심과 정성이 필요합니다.

이 시기를 지나 생후 24개월(만 2세)이 지나면 신체성장을 위한 영양소가 더 필요해집니다. 특히 키가 자라고 몸무게를 늘리기 위해 뼈를 만드는 성분인 칼슘은 더욱 많이 필요한 영양소입니다.

이렇게 중요한 유아기 때 어른들 음식을 그대로 먹이면 편중된 식재료와 조리법으로 영양불균형이 되기 쉽습니다. 무엇보다 어른들 간에 맞춘 음식을 먹으면 염분을 많이 섭취하게 되는데, 만 5~6세 전 아이는 미각과 신장 기능이 미약하므로 아이에게 맞는 저염식단 레시피가 필요합니다.

유아식, 어른 밥상처럼 차리면 No!
식판식, 한그릇밥, 핑거푸드, 도시락으로 편식 예방!

이 책은 유아기에 꼭 먹어야 할 밥, 국, 반찬, 간식을 15년 경력의 베테랑 영양사들이 머리를 맞대고 뽑아놓은 책입니다. 영양학적으로 완성도가 높은 식단일 뿐 아니라 베베쿡 아이들이 좋아하는 인기 메뉴를 레시피로 정리했습니다.

생후 25개월이 되면 아이는 어른 음식을 가리지 않고 먹을 수 있지만, 저마다 고집이 생기고 호불호를 가리는 시기이므로 편식할 위험이 커집니다. 따라서 엄마들은 다양한 조리법과 상차림으로 식단에 변화를 주고 다양한 맛을 경험할 수 있도록 해줘야 합니다.

식판식, 한그릇밥, 핑거푸드, 도시락 등 이 책에서는 다양한 상차림을 제공하고 있습니다. 이 책을 보고 저마다 아이디어를 발전시켜 아이들에게 다양한 밥상을 차려주세요. 단순히 먹는 것으로 끝나는 것이 아니라 식습관 예절을 가르치고 다양한 식재료를 맛보게 해 뇌를 자극하고 창의력을 이끌어내 음식을 통한 성장발달은 물론 교육효과까지 거둘 수 있습니다.

유아기, 공부보다 집밥이 중요!
'가족밥상 활용법'으로 아이 밥상, 어른 밥상 한 번에!

유아기는 어른이 되기 전 기초체력을 차곡차곡 만드는 시기입니다. 이때 섭취한 음식을 통해 건강한 몸이 만들어지고, 이때 들인 식습관을 통해 평생 자신의 건강을 돌볼 수 있게 됩니다. 물론 초등학교에 들어가도 성장발달은 계속되지만 급식과 외식 등으로 인해 엄마의 손길은 뜸해질 수밖에 없습니다. 조금 힘들더라도 유아기에 집중적으로 집밥의 힘을 보여주세요. 우리 아이들은 씩씩하게 평생건강으로 보답할 것입니다.

이 책에는 아이 밥상, 어른 밥상 따로 차리는 수고를 줄이기 위해 양념만 가감하면 어른들도 먹을 수 있게끔 '가족밥상 활용법'이라는 팁을 제공하고 있습니다. 아이와 함께 집밥을 만들고 같이 먹는 즐거움을 나누시길 바랍니다.

베베쿡

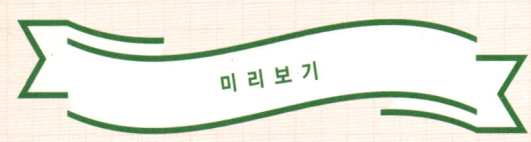

유아식 초기, 후기 특징 소개

성장발달에 따라 24개월 전후로 유아식 초기, 후기로 구분합니다. 유아식 초기는 두뇌음식, 유아식 후기는 성장음식에 방점을 찍어 영양 공급을 해줍니다. 식재료, 스케줄, 조리법 등을 설명합니다.

따라하기 쉬운 알찬밥상 레시피

1. 두뇌개발 + 키 쑥쑥 레시피
2. 식판식, 한그릇밥, 핑거푸드, 주먹밥 총망라
3. 염분 권장량 준수!

유아 성장기별 필수영양소에 맞춘 두뇌음식, 성장음식을 초보엄마도 쉽고 간단하게 만들 수 있습니다. 염분에 예민한 유아를 위해 염분 권장량에 맞춰 레시피를 제공합니다.

〈부록 1〉
공부 잘하는 두뇌음식, 키 쑥쑥 성장음식

밥은 보약입니다. 이 시기 아이가 어떤 음식을 먹는지에 따라 평생 가는 기초체력이 완성됩니다. 두뇌음식과 성장음식의 과학적 비밀을 공개합니다.

〈부록 2〉
식욕부진, 편식, 비만, 알레르기 해결책

자아의식이 강해지는 유아들이 한번씩은 거치는 문제를 어떻게 해결해나가는지 설명합니다.

유아식 SOS센터
베베쿡 영양사님께 무엇이든 물어보세요!

유아식에 관한 궁금증이 있다면 지금 당장 무엇이든 물어보세요.
베베쿡 홈페이지(www.bebecook.cm) → 〈고객행복센터〉 항목을 클릭한 후 궁금증을 올리면 베베쿡 영양사님이 실시간으로 답변해드립니다.

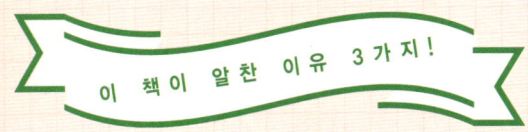

1. 편식하는 아이도 밥맛 도는 상차림! — 식판식, 한그릇밥, 도시락!

별것 아닌 간단한 반찬, 국, 밥도 식판식, 한그릇밥, 도시락으로 무한변신이 가능합니다. 이 책에 나온 레시피 완성컷을 보고 아이의 취향에 맞춰 재미있는 아이디어를 내보세요. 이 책 한 권이면 요리법은 물론 아이가 좋아하는 상차림까지 따라할 수 있답니다.

식판식

한그릇밥

도시락

2. '가족밥상 활용법' — 아이 밥상 + 어른 밥상 한 번에 차리기

아이 밥상, 어른 밥상 따로 차리기 힘드시죠? 1가지 요리를 어른과 아이 입맛에 맞게 한 번에 뚝딱 만들 수 있도록 레시피 군데군데 팁을 제공하고 있습니다. 깨알같이 숨어 있는 '가족밥상 활용법'을 찾아보세요. 식재료도 아끼고 요리 시간도 아끼고, 1석2조랍니다.

3. 베테랑 영양사의 최강 식단표 — 똑 소리나는 두뇌식 + 키 쑥쑥 성장식!

성장곡선에 따라 만 2세(생후 24개월) 전에는 두뇌개발에 집중해서 식단을 짜야 합니다. 그 이후에는 키, 내장기관 등 성장에 집중해서 식단을 짜야 하지요. 이 책은 초보엄마도 쉽게 구할 수 있는 재료로 손쉽게 만드는 레시피를 제공하고 있습니다. 하지만 그 뒤에는 베테랑 영양사의 고도로 계산된 최적의 영양소를 담은 식단구성의 노력이 숨어 있습니다. 이 책에서 제공하는 두뇌식단과 성장식단은 아이의 평생건강과 살아가는 힘을 다져줄 것입니다.

차 례

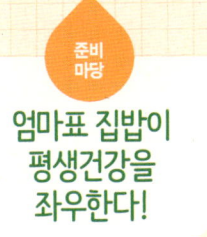

준비
마당

엄마표 집밥이
평생건강을
좌우한다!

첫째 마당

반찬 1
생후 15개월~7세

둘째
마당

반찬 2
생후 25개월~7세

셋째마당

국

생후 15개월~7세

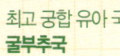

넷째
마당

영양밥
생후 15개월~7세

부록

 잠깐만요 (제목 가나다순)

초보엄마를 위한

2가지 계량법 수록!

돼지고기 볶음밥

피로회복, 빈혈 예방, 성장발달

매운 음식과 짠맛이 강한 어린이도 생후 10개월이 지나 후기이유식을 즐길 때쯤이면 베베쿡 이유식과 똑같은 맛을 내게끔 1인용으로 계량을 해조리해야 좋습니다. 짜인맛을, 우리 아이에게 단맛이 베베쿡 이유식과 똑같은 맛의 자극적이지 않은 배합만으로 맛을 느낄 수 있는 메뉴입니다.

* 이 책의 레시피 완성 사진은 디자인 요소를 우선시했습니다. 아기용 숟가락이 놓여져 있지 않은 점 참고하시기 바랍니다.
* 이 책에 나온 상품 사진은 베베쿡 추천상품이 아니며, 독자의 이해를 돕기 위한 참고 사진임을 밝혀둡니다.
* 이 책은 1인분 기준으로 계량했습니다. 2인분 이상 조리한다고 해서 양념과 물의 양을 2배로 늘리지는 마세요. 불의 세기과 조리도구 등에 따라 양념과 물의 양을 10% 정도 덜어내는 것이 좋습니다.

1

베베쿡 유아식과 똑같은 맛을 내려면?

정확한 계량이 답!
이 책은 베베쿡 이유식과 똑같은 맛을 내게끔 1인용으로 계량을 최적화했습니다. 레시피의 재료 항목에 나온 대로 계량스푼과 저울을 이용해 g, ㎖ 등을 맞추면 베베쿡 이유식과 똑같은 맛을 낼 수 있습니다.

2

계량스푼도 저울도 없다면?

밥숟가락과 종이컵 사용 OK!
계량스푼과 저울이 없다면 집에 있는 밥숟가락과 종이컵을 이용해보세요. 이 책은 손쉽고 빠르게 이유식을 만들려는 엄마를 위해 밥숟가락과 종이컵, 손가락을 사용한 계량법을 소개합니다.

엄마표 집밥이
평생건강을
좌우한다!

준비
마당

2~7세 유아식,
이유식만큼 중요한 이유

골격과 두뇌발달이 밀도 있게 진행되는 시기

유아식은 우리나라 나이로 2세, 구체적으로는 이유식이 마무리되는 생후 12~14개월 전후에 시작합니다. 늦어도 15개월 이후에는 시작하지요. 하지만 아이마다 조금씩 차이가 날 수 있기 때문에 아이의 신체발달과 반응을 고려해서 진행해야 합니다. 두 돌(생후 24개월)이 지나면 돌 이전에 비해 아기의 성장속도는 떨어지게 됩니다. 하지만 눈에 보이는 신체적 성장이 더딜 뿐이지 내부적으로는 골격성장이 빨라지고 두뇌발달이 급격하게 이루어지므로 이를 위한 영양섭취가 중요합니다.

급식, 외식에 노출되는 초등 전 집밥으로 건강 다지기!

따라서 이 시기 유아들에게 모든 영양소를 골고루 보충해줘야 잔병치레 없이 건강하게 자랄 수 있습니다. 물론 초등학교에 들어간 이후에도 영양섭취는 필요하지만, 급식과 외식에 노출되는 환경에서 엄마의 손길은 뜸해질 수밖에 없습니다. 따라서 초등 전 비약적으로 성장하는 유아기에 집중적으로 엄마표 집밥을 통해 안전하고 알차게 영양소 섭취를 할 수 있도록 해주는 것이 필요합니다.

유아식, 어른처럼 먹이면 No!

최근 이유식의 중요성이 대두되면서 엄마들이 이유식에 많은 관심을 갖고 있는 추세입니다. 하지만 이유식이 끝난 후 시작하는 유아식은 상대적으로 덜 중요하게 생각하는 경향이 있습니다. 어른들과 같이 밥상을 차리면 되는 것이라고 생각하기 때문이지요.

하지만 2~7세 아이들을 위해 골격과 두뇌발달을 위한 맞춤식단을 따로 마련해줘야 합니다. 특히 중요한 것은, 어른들 음식과 달리 염분이 덜 들어가야 한다는 것입니다. 세심한 주의 없이 아이들이 무방비로 과다한 염분에 노출되어 있어서 주의가 필요합니다.

무엇보다 중요한 것은, 이 시기에 아이들의 음식 선택 능력과 기호도가 결정된다는 것입니다. 이때 생긴 식습관이 평생건강에 영향을 미치기 때문에, 반드시 체계적인 식단을 통해 올바른 식습관을 다져줘야 합니다.

유아식은 이유식과 성인식 중간 단계 —
밥, 국, 반찬 첫 만남!

유아식은 어른들처럼 밥, 국, 반찬을 함께 먹게 되지요. 밥, 국, 반찬을 처음 접하는 만큼 쉽게 적응할 수 있도록 많은 노력과 연습이 필요합니다.

유아식은 이유식과 성인식의 중간 단계 음식으로, 생후 12~14개월 전후부터 7세 정도까지, 즉 초등학교 입학 전 아이들이 먹는 음식이라고 보면 됩니다. 아이들마다 약간의 차이는 있지만 대부분 만 1세가 지나면 거의 모든 아이들이 어른들처럼 밥, 반찬, 국을 곁들인 식사를 할 수 있습니다. 하지만 아직 씹는 능력이나 소화능력이 미약한 시기이므로 초기 유아식 단계에서는 식재료는 작게 잘라서 조리해주고 자극적인 향신료나 성인과 같은 간의 세기는 피하는 것이 좋습니다.

유아식 초기(생후 15~24개월)에는 이유식 완료기 때와 비슷하게 식재료를 0.8cm 정도의 크기로 자른다. 그러다가 점점 아이의 성장에 맞게 식재료 크기를 키워간다.

2 엄마가 꼭 알아야 하는 유아식 상식 6가지

1 | 저염습관 중요! 만 5~6세 전, 미각과 신장 기능 미약

앞에서도 말했듯이 유아식을 따로 만들어야 하는 주된 이유는 염분 때문입니다. 만 5~6세 이전까지는 미각이 완벽하게 형성되어 있지 않습니다. 또한 신장의 기능도 어른에 비해 1/6 수준밖에는 되지 않으므로 맵고 짠 자극적인 음식은 아이의 신장에 부담을 줍니다. 때문에 식재료는 작은 크기로 잘라서 부드럽게 조리해주고, 되도록 간을 조금만 해서 자극적이지 않도록 조리해야 합니다.

아마 이 책을 읽는 초보엄마들은 이유식이 끝나서 홀가분해진 상태일 것입니다. 하지만 유아식도 엄마의 세심한 배려가 필요합니다. 이 시기 음식을 통해 아이의 평생건강을 다잡아줄 수 있으니, 조금만 더 힘내서 노력해봅시다.

1일 영유아 나트륨 권장량

구분	연령	나트륨(g)
영아	0~5개월	0.12
	6~11개월	0.37
유아	1~2세	0.7
	3~6세	0.9
성인		2 (= 소금 5g)

소금 과다 섭취시 과일 먹으면 도움!

이 책에 나온 레시피의 재료 중 소금의 양은 1일 영유아 나트륨 권장량에 근거해서 책정된 것입니다. 어른들이 먹을 때는 아이가 먹을 음식을 덜어놓은 다음 적절히 소금을 추가하면 됩니다. 아이들이 짠 음식을 많이 먹여서 나트륨 과다섭취가 걱정된다면 키위, 바나나, 배 등 과일을 먹여서 나트륨 배출을 유도하는 것이 좋습니다. 키위는 나트륨 배출뿐 아니라 혈압을 낮추는 데도 도움이 됩니다. 배는 나트륨 배출뿐 아니라 혈액 중 콜레스테롤 수치도 낮춰줍니다.

2 | 만 2세 전 두뇌식단, 만 2세 후 성장식단!

운동량이 점점 많아지는 아이의 발달을 위해 영양소가 골고루 들어 있는 유아식을 먹여야 합니다. 특히 두뇌를 구성하는 여러 기관 중 중추신경계는 만 2세까지의 영양상태에 따라 발달 정도가 달라지기 때문에 이유식이 끝나자마자 두뇌식단에 대해 더욱더 신경써야 합니다.

만 2세(생후 24개월)가 지나면서 신체성장을 위한 영양소가 더 필요하게 되는데, 특히 키가 자라고 몸무게를 늘리기 위해 뼈를 만드는 성분인 칼슘은 더욱 많이 필요한 영양소입니다.

이렇듯 유아식은 만 2세 전후 집중해야 하는 내용이 조금씩 다르며, 아이의 발육과 성장을 고려해 알맞은 식재료를 섭취해야 합니다.

신체성장에 필수적인 단백질은 소고기, 생선, 두부 등에 풍부합니다. 매 끼니마다 빼놓지 말고 아이 밥상에 올려주세요. 그리고 비타민과 무기질이 풍부한 과일, 채소, 해조류도 충분히 섭취할 수 있도록 식단을 꾸미는 것이 필요합니다.

유아식 초기, 후기 알찬밥상 식단표는 32, 38, 40쪽 참고.

만 2세 전 (유아식 초기)	만 2세 후 (유아식 후기)
두뇌, 중추신경계 발달 집중	신체 성장발달 집중

두뇌식단 신경쓰기

성장식단 신경쓰기

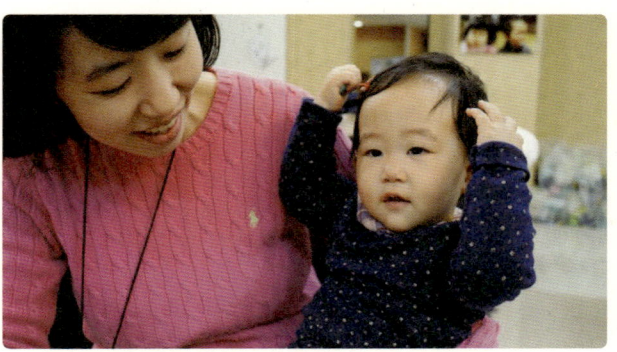

3 | 편식 방지 총력전!
맛 + 색깔 + 식감, 3박자 맞추기

유아기가 되면 아이들은 좋고 싫음의 선호도가 분명해집니다. 그렇다 보니 싫어하는 음식은 강하게 거부해서 편식하게 되는 시기입니다. 아이들은 음식의 맛도 중요하게 생각하지만 색깔이나 질감에도 민감합니다. 아이가 음식에 관심을 가질 수 있도록 색깔 있는 채소나 과일을 적절하게 섞어서 요리하는 것도 좋은 방법입니다.
채소나 과일은 한입 크기나 손가락 크기 정도로 잘라주어 아이 스스로 먹을 수 있게 해줍니다. 이를 '핑거푸드'라고 통칭하지요. 채소를 잘 먹지 않는 아기에게는 잎채소를 무르게 푹 삶아 부드럽게 해서 먹이고, 잘게 다질 수 있는 채소는 다른 음식과 섞어 보이지 않게 해서 먹이는 방법도 도움이 됩니다.

과일을 먹지 않으려고 하는 아이에게는 오목한 그릇에 잘게 썰어 담고 평소에 좋아하는 무가당 플레인 요구르트를 끼얹어 함께 떠먹도록 하면, 오감을 만족시켜 맛있는 간식을 먹일 수 있습니다.
밥을 안 먹으려고 할 때는 아이의 그릇이나 식판을 아이가 직접 고를 수 있도록 합니다. 좋아하는 모양의 틀에 예쁘게 찍거나, 핑거푸드 형태인 주먹밥을 만들어주면 손쉽게 먹일 수 있습니다. 이 시기는 편식을 방지하기 위한 엄마들의 세심한 정성과 아이디어가 필요합니다.

4 | 올바른 식습관과 식사예절 이끌어주기

유아식은 성인식을 먹기 전 연습단계이며, 올바른 식습관과 식사예절을 교육하는 데도 중요한 역할을 합니다. 이 시기에는 정신적 발달도 빠르고 음식에 대한 기호도가 확실해지므로 좋아하는 음식만 먹거나 자기만의 방식으로 먹으려고 고집을 피웁니다.

또한 어른들이 먹는 음식을 대부분 다 먹을 수 있다 보니, 자칫 부모의 식성이나 귀찮음으로 인해 편중된 식품이나 조리법으로 일관된 음식만 먹이기 쉽습니다. 때로는 아기가 잘 먹는 음식만 계속해서 주는 등의 실수를 범하기도 하지요. 번거롭고 힘들더라도 엄마들은 다양한 식단을 준비하고, 식사 때면 되도록 함께 자리를 해주어 아이가 올바른 식습관을 만들도록 노력해야 합니다.

5 | 유아식 영양소는 성인의 1/2 수준

유아는 성인보다 체구가 작기에 섭취량 또한 성인의 1/2 수준입니다. 아직 모든 기관이 완전하게 발달하지 않았기에 성인권장량을 섭취하면 오히려 양이 많아 부담이 됩니다. 무조건 많이 먹는다고 좋은 게 아니지요.

이 시기 아이들이 밥을 잘 먹지 않을 경우 영양분을 제대로 공급받지 못해 문제가 생길 수 있습니다. 하루 세 끼 밥을 잘 먹는다면 꼭 필요하지 않을 수도 있지만, 그렇지 못한 경우에는 아이 상태에 맞는 건강기능식품을 선택하는 것도 고려해볼 만합니다. 어떤 것이든 많이 먹는다고 좋은 것은 아니기 때문에 엄마가 꼼꼼히 따져보고 선택해야 합니다.

잠깐만요

엄마 욕심에 억지로 먹이지 마세요

너무 다양하게 먹이려는 욕심에 아이가 잘 안 먹는 음식을 억지로 먹이려고 한다거나 혼을 내게 되면 더 역효과가 날 수 있습니다. 싫어하는 식품은 다른 식품과 섞어서 먹일 수 있는 방법을 찾아 천천히 맛을 들이도록 유도해야 합니다. 한번 길들여진 식습관은 평생건강을 좌우하는 밑거름이 된다는 것을 명심하세요.

잠깐만요

비타민 D가 많은 음식 - 간, 생선, 우유, 버섯, 달걀 노른자

어른이 필요한 양만큼 아이도 필요한 영양소가 바로 비타민 D입니다. 비타민 D는 피부세포에 있는 7-디히드로콜레스테롤이 햇빛 중 자외선을 받아서 만듭니다. 하지만 겨울철에는 햇빛을 제대로 쬐기가 힘들고, 자외선차단제를 바르는 것이 일상화되어 있어서 의외로 부족해지기 쉬운 영양소이기도 합니다. 비타민 D가 많은 식품은 달걀 노른자, 소나 돼지의 간, 고등어, 버터, 우유, 버섯 등입니다. 비타민 D를 제대로 공급받아야 칼슘 흡수가 높아져 성장기 어린이의 뼈와 이가 튼튼해집니다.

다음은 건강기능식품에 주로 함유된 영양소입니다. 성인 1일 영양소 기준치를 100이라고 했을 때 1~2세 어린이의 권장량을 그래프로 표시한 것입니다. 대부분 성인 권장량의 50%에도 미치지 못하지만 비타민 D는 성인만큼 필요하고, 그 밖에도 칼슘과 칼륨은 성인 권장량의 60% 이상 필요한 것을 알 수 있습니다.

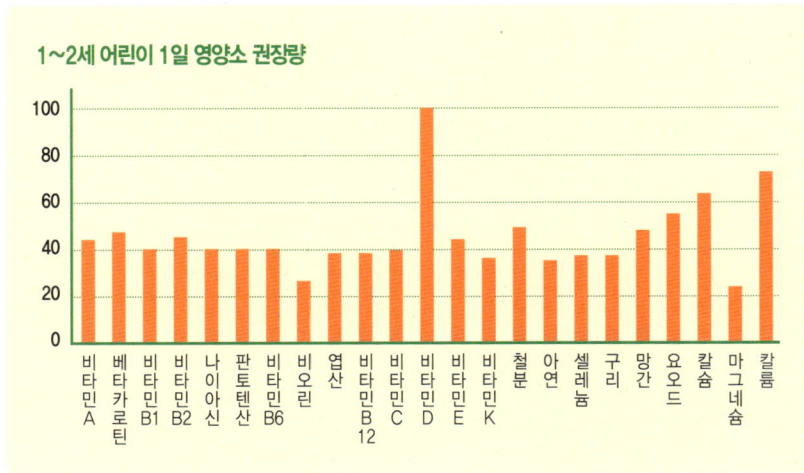

1~2세 어린이 1일 영양소 권장량

(비타민A, 베타카로틴, 비타민B1, 비타민B2, 나이아신, 판토텐산, 비타민B6, 비오틴, 엽산, 비타민B12, 비타민C, 비타민D, 비타민E, 비타민K, 철분, 아연, 셀레늄, 구리, 망간, 요오드, 칼슘, 마그네슘, 칼륨)

잠깐만요

칼슘이 많은 음식 – 우유, 멸치, 두부, 김

칼슘은 몸에 있는 무기질 중 뼈와 치아를 만드는 데 사용되며, 1%가량은 혈액을 타고 돌면서 근육이나 신경기능, 혈액응고를 돕습니다. 성장기 유아들에겐 필수영양소인 셈이죠. 단백질, 비타민 D 등은 칼슘 흡수를 촉진시킵니다. 특히 칼슘과 비타민 D는 바늘과 실처럼 붙어다녀야 효과가 증대됩니다. 칼슘이 많은 음식은 우유, 멸치, 두부, 김 등입니다. 유아식에서 빠지지 않는 식재료이죠. 만약 유아기에 아이가 심하게 편식을 한다면 종합비타민이나 영양제를 따로 준비해도 좋을 것입니다.

6 | 꼭 월령대로 진행할 필요는 없다

아이가 유아식을 시작할 월령이 되었다고 무작정 유아식을 시작하지는 마세요. 먼저 현재까지의 이유식을 점검해볼 필요가 있습니다. 또래 아이들과 비교해 성장발달이라든지, 먹는 양이라든지, 또는 지금까지 이유식이 무리없이 진행되었는지를 먼저 판단해보아야 합니다.

다른 아이들과 비교해서 소화력과 씹는 능력이 약하다면 유아식 시작을 조금 미뤄주세요. 또한 아직 밥과 반찬, 그리고 국을 주식으로 주기 어려울 만큼 이유식이 제대로 진행되지 않은 아이라면 유아식의 시작을 조금 늦추는 것도 좋습니다.

유아식을 시작한다고 해서 갑작스런 변화를 주기보다는 이유식의 연장이라고 생각하고, 음식의 종류나 양을 다양하게 해주면서 천천히 적응할 수 있도록 해주세요.

잠깐만요

칼륨이 많은 음식 – 바나나, 배, 퀴노아, 렌틸콩

과일은 대부분 칼륨을 가지고 있는데, 그중 바나나는 사과의 4배에 해당하는 500mg의 칼륨이 포함되어 있습니다. 칼륨이 풍부한 요구르트나 우유와 함께 섭취해도 좋습니다. 또한 배에는 100g당 약 170mg의 칼륨이 있으며, 배는 고혈압을 유발하는 나트륨을 몸에서 배출시켜줍니다. 또한 최근 떠오르는 슈퍼곡물인 퀴노아, 렌틸콩 역시 칼륨이 많아서 아이들에게 좋습니다.

아이에게 필요한 6대 영양소 꼼꼼 체크

우리 몸의 건강을 지키기 위해 반드시 섭취해야 하는 영양소는 탄수화물, 단백질, 지방이라는 3대 영양소와 비타민, 무기질, 물을 포함한 6대 영양소가 있습니다. 이 모든 영양소가 골고루 있어야 아이가 건강하게 자랄 수 있습니다.

예전에 학교에서 배운 내용을 거슬러올라가볼까요?

6대 영양소 살펴보기

탄수화물	에너지 공급, 단백질 절약 작용, 장내 운동성 촉진, 신체 구성성분
단백질	조직 성장과 유지, 호르몬 · 효소 · 항체 형성, 체액 균형 유지, 영양소 운반, 에너지 급원
지방	농축 에너지의 급원, 체지방 축적, 만복감, 지용성 비타민 흡수 도움, 필수지방산 제공
비타민	세포 속 대사 기능 수행 도움, 탄수화물 · 지방 · 단백질에 작용, 신체의 건강 · 성장 · 활력에 도움
무기질	신체의 필수성분, 촉매작용, 산 · 염기 · 수분의 균형 조절
물	모든 조직의 기본성분, 체온조절 기능, 혈액 내 영양소 운반, 노폐물 배설에 도움

6대 영양소와 기능

좋은 지방은 따로 있다! 오메가 3, 오메가 6

일반적으로 지방은 안 좋다고 생각합니다. 하지만 지방도 좋은 지방, 나쁜 지방이 있답니다. 해로운 지방은 포화지방산과 트랜스지방이며, 좋은 지방은 불포화지방산이죠. 불포화지방산은 좋은 콜레스테롤인 HDL콜레스테롤 수치는 높이고, 좋지 않은 콜레스테롤인 LDL콜레스테롤 수치는 낮춰줍니다. 불포화지방산의 대표주자에는 오메가 6(견과류, 오일류)와 오메가 3(생선)가 있습니다. 아이들에게 견과류와 생선을 많이 먹이라는 이유도 바로 좋은 지방을 섭취하기 위해서랍니다.

3

초기 유아식
— 생후 15~24개월

초기 유아식은 두뇌발달에 초점을 맞출 것!

앞에서도 말했다시피 이유식이 끝나고 유아식을 처음 시작하는 15개월 이후에는 두뇌발달을 위해 뇌세포 주요 구성성분인 <mark>단백질과 필수지방산을 충분히 섭취</mark>해야 합니다. 2세 전까지 두뇌발달이 활발하게 이루어지기 때문이지요.

성장기 두뇌발달은 오감을 통한 다양한 자극 속에서 이루어집니다. 특히 분유보다 모유를 먹일 때 아기는 혀와 잇몸을 이용해 더 힘주어 빨게 됩니다. 그러다 숨이 차면 멈추고 호흡을 조절해 스스로 편하게 먹기 위해 이런저런 생각을 하며 성장하게 되지요.

하지만 이 시기 아이들은 수유만으로는 영양섭취를 감당할 수 없습니다. 삼시세끼 밥을 잘 먹어야 하지요. 이 시기 <mark>하루 수유량은 500ml를 넘지 않도록</mark> 합니다. 너무 많이 먹어서 포만감이 생기면 하루 3회 밥과 2회 간식을 먹기 힘들기 때문입니다.

잠깐만요

알쏭달쏭
필수지방산,
불포화지방산

설명하면 복잡해지지만 필수지방산은 대부분 불포화지방산이라고 이해하면 됩니다. 체내에서 스스로 만들지 못해 음식물을 통해 섭취해야 하지요. 필수지방산은 리놀산, 리놀렌산, 아라키돈산 등이 있는데, 부족하면 성장이 지연되므로 유아기에 꼭 섭취해야 합니다. 생선, 견과류, 브로콜리, 시금치 등이 대표적인 음식입니다.

두뇌발달 위해 1 | 단백질 + 식물성 기름 섭취 필수

음식도 역시 두뇌발달을 위해서 영양적인 부분은 물론 다양한 형태와 경험으로 접할 수 있도록 해줘야 합니다. 단백질의 경우 <mark>붉은살생선, 흰살생선, 닭고기, 쇠고기, 돼지고기, 콩류, 두부류</mark>까지 다양하게 제공해주고, 식물성 기름인 <mark>들기름, 참기름, 카놀라유, 현미유</mark> 등을 접하게 해주어 두뇌발달을 위한 뇌세포 주요 구성성분이 부족하지 않도록 합니다.

잠깐만요

유아식 초기는 꿀,
두유 가능

유아식 초기부터 꿀과 두유 섭취가 가능합니다. 조리시 적절히 활용해보세요.

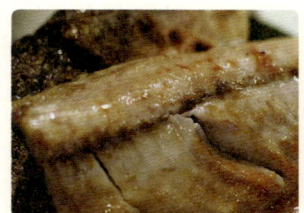

두뇌발달 위해 2 | 과일, 손으로 집고 씹을 수 있도록!

씹는 과정이야말로 두뇌를 자극해 두뇌발달에 좋은 영향을 미칩니다. 간식으로 과일을 주더라도 곱게 갈아주기보다는 핑거푸드 형태로 손으로 들고 앞니와 어금니를 이용해 씹어 먹을 수 있게 해주는 것이 좋습니다. ==너무 곱게 갈아주다 보면 씹는 연습이 전혀 되지 않아 두뇌발달에 좋지 않은 영향을 미칠 수도 있습니다.==

잠깐만요

아이에게는 아이김치를!

아이김치는 고춧가루를 빼고 담근 백김치를 생각하면 됩니다. 어른들이 먹는 김치를 물에 씻어 고춧가루와 염분을 빼고 줘도 무방합니다.

두뇌발달 위해 3 | 국에 밥 말아 먹지 않기!

다른 음식들도 마찬가지입니다. 이 시기 밥, 국, 반찬으로 이루어지는 식사를 하는데, 국에 밥을 말아서 먹지 않도록 주의해주세요. 국에 밥을 말아 먹으면 잘 씹지 않고 후루룩 넘기게 됩니다. 되도록 아이김치를 포함해서 밥, 국, 3가지 반찬을 준비해주고, 바른 자세로 앉아서 스스로 먹는 습관을 키워주세요. 포크를 사용하도록 유도하면 좋습니다.

초기 유아식 시작할 때 주의할 점

이유식에서 곧바로 유아식으로 건너가기는 힘듭니다. 따라서 이유식 완료기에서 진행하던 2배 진밥을 기반으로 반찬을 추가로 구성해 아기에게 주는 것이 좋습니다. 이때 식재료는 되도록 작게(0.8cm) 잘라서 조리하고, 자극적인 향신료나 성인 기준으로 간을 하지 않도록 합니다.

다음은 〈초보엄마 안심 이유식〉에 나온 완료기 이유식 사례입니다. 책이 없는 분은 베베쿡 홈페이지(www.bebecook.com)에서 이유식 완료기 레시피를 참고하세요.

베베쿡 대표 쇠고기 이유식
한우영양밥

완료기 보양식 No.1
닭살황기비빔밥

완료기 보양식 No.2
닭살흑미밥

완료기 두뇌발달 No.1
흰살생선젓가루밥

해물 메뉴 No.2
해물밥

아기 선호도 No.1
새우살김가루밥

완료기 두뇌발달 No.2
연어채소볶음밥

완전 간편 조리
멸치감자수수밥

씹기 힘든 아기용
게살연두부덮밥

재료 간단 인기 최고
김참치달걀주먹밥

초기 유아식 식단표

생후 15~24개월

■ 해당 레시피는 첫째, 셋째, 넷째, 다섯째마당 보기 ■ *는 〈초보엄마 안심 이유식〉 보기. 파란색은 베베쿡 제품이고 유사제품으로 대체 가능
■ 〈초보엄마 안심 이유식〉 책이 없는 분은 베베쿡(www.bebecook.com)에서 이유식 완료기 레시피를 참고하세요.

	1일차	2일차	3일차	4일차	5일차	6일차	7일차
아침(한그릇밥)	발아현미고구마밥*	한우오트밀영양진밥*	닭곰탕진밥*	흰살생선채소진밥*	청국장비빔밥*	한우콩나물진밥*	닭살배추진밥*
간식	꼬마핫도그	고구마맛탕	단호박샐러드	토마토소스떡볶이	나쁜엄마과일주스	시금치수제비	늙은호박김치지짐
점심(1식3찬) 밥+아이김치 공통	쇠고기밤조림 느타리두부볶음 닭곰탕진밥*	닭고기우유조림 채소된장구이 아기육개장	흰살생선무조림 연근고구마조림 쇠고기뭇국	샤브샤브덮밥소스 잔멸치애호박볶음 들깨채소국	해물파프리카볶음 들깨소스시금치나물 쇠고기미역국	닭고구마탕 달걀찜① 꽃게된장국	연두부게살버섯찜 돼지고기마늘종볶음 미소된장국
간식	호박콩팥범벅	나쁜엄마쌀과자	새우치즈감자크로켓	바나나스무디	삼색고구마경단	알감자구이	그릭요거트
저녁(1식3찬) 밥+아이김치 공통	섭산적 시금치달걀찜 모시조개맑은국	오징어볼채소조림 채소두부찜② 조랭이떡국	한우불고기 들깨소스시금치견과나물③ 굴부추국	흰살생선달걀말이 배추속대장과 쇠고기완자맑은국	쇠고기두부찜 새송이버섯장조림 애호박새우탕	흰살생선데리야키조림 무나물잣소스버무림 아기만둣국	아기잡채 채소된장구이 대구맑은국

	8일차	9일차	10일차	11일차	12일차	13일차	14일차
아침(한그릇밥)	연어버섯진밥*	달걀채소비빔밥*	불고기진밥*	감자채볶음밥*	두부영양진밥*	한우무나물진밥*	누룽지채소진밥*
간식	감자치즈구이	토마토스파게티	즉석과일잼	나쁜엄마쌀과자	단호박수프	그릭요거트	치즈감자크로켓④
점심(1식3찬) 밥+아이김치 공통	한우불고기 양송이두부볶음⑤ 굴부추국	닭감자탕⑥ 해물파프리카볶음 들깨채소국	섭산적 무나물잣소스버무림 게살미역국⑦	쇠고기밤조림 아기잡채 아욱된장국⑧	참치데리야키조림⑨ 들깨소스시금치나물 바지락맑은국⑩	샤브샤브덮밥소스 채소된장구이 동태맑은국⑪	흰살생선무조림 시금치달걀찜 아기육개장
간식	계피향과일조림	나쁜엄마과일주스	당근아몬드찜케이크	닭가슴살크림수프	닭고기커틀릿	김치지짐⑫	롤샌드위치
저녁(1식3찬) 밥+아이김치 공통	흰살생선달걀말이 연근고구마조림 닭곰탕진밥*	쇠고기두부찜 아기잡채 흰살생선완자맑은국⑬	돼지불고기⑭ 잔멸치감자볶음⑮ 아기만둣국	흰살생선우유조림⑯ 채소두부찜 쇠고기뭇국	쇠고기볼채소조림⑰ 새송이버섯장조림 조랭이떡국	한우불고기 보리새우마늘종볶음⑱ 닭고기채소전골	연두부새우살버섯찜⑲ 배추속대장과 미소된장국

① 달걀찜 : 시금치달걀찜에서 시금치 빼고 조리
② 채소두부찜 : 쇠고기두부찜에서 쇠고기 대신 채소 사용
③ 들깨소스시금치견과나물 : 들깨소스시금치나물에 호두, 아몬드, 잣 등 견과류 추가해서 조리
④ 치즈감자크로켓 : 새우치즈감자크로켓에서 새우 빼고 조리
⑤ 양송이두부볶음 : 느타리두부볶음에서 느타리버섯 대신 양송이버섯 사용
⑥ 닭감자탕 : 닭고구마탕에서 고구마 대신 감자 사용
⑦ 게살미역국 : 쇠고기미역국에서 쇠고기 대신 게살 사용
⑧ 아욱된장국 : 미소된장국에서 팽이버섯 대신 아욱 사용
⑨ 참치데리야키조림 : 흰살생선데리야키조림에서 흰살생선 대신 참치 사용

⑩ 바지락맑은국 : 모시조개맑은국에서 모시조개 대신 바지락 사용
⑪ 동태맑은국 : 대구맑은국에서 대구 대신 동태 사용
⑫ 김치지짐 : 늙은호박김치지짐에서 늙은호박 빼고 조리
⑬ 흰살생선완자맑은국 : 쇠고기완자맑은국에서 쇠고기 대신 흰살생선 사용
⑭ 돼지불고기 : 한우불고기에서 쇠고기 대신 돼지고기 사용
⑮ 잔멸치감자볶음 : 잔멸치애호박볶음에서 애호박 대신 감자 사용
⑯ 흰살생선우유조림 : 닭고기우유조림에서 닭고기 대신 흰살생선 사용
⑰ 쇠고기볼채소조림 : 오징어볼채소조림에서 오징어 대신 쇠고기 사용
⑱ 보리새우마늘종볶음 : 돼지고기마늘종볶음에서 돼지고기 대신 보리새우 사용
⑲ 연두부새우살버섯찜 : 연두부게살버섯찜에서 게살 대신 새우살 사용

초기 유아식 체크리스트

생후 15~24개월

01
하루 총 수유량은
500㎖ 이하로 제한한다.

02
유아식은 이유식이 끝난
15개월 이후부터 시작한다.

03
1일 식사 횟수는 3회,
간식은 오전, 오후 2회로 진행한다.

04
국에 밥을 말아
먹이지 않는다.

05
돌 이후에는 차츰 씹는 연습이 필요하므로
건더기 크기를 작게(0.8cm, 오징어 등
해산물은 0.5cm) 시작해 차츰 키워나간다.

06
자극적인 향신료나 성인에 준하는
간의 세기는 피한다.

07
아토피가 있는 아이에게는
첨가물이 함유된 간식은 피한다.

08
간식은 조금 부족한 듯이
주는 것이 좋다.

09
스스로
먹는 습관을 들인다.

10
다양한 맛을 폭넓게
경험시킨다.

11
두뇌발달을 위해
뇌세포 주요 구성성분인 단백질과 필수지방산은
꼭 섭취하도록 한다.

12
두유, 꿀 섭취가
가능하다.

13
국과 반찬으로
이루어진 식사를 한다.

14
반찬은 아이김치를 포함해
3가지 종류 이상으로 구성한다.

15
바른 자세로
한 자리에서 먹도록 한다.

16
포크 사용법을
익힌다.

4 후기 유아식
— 생후 25개월~7세

식판식, 한그릇밥, 핑거푸드, 주먹밥 등 다양한 경험 필수!

25개월 이상이 되면 대부분의 식재료를 섭취하는 것이 가능해지고 새로운 음식에 대한 거부감도 점차 줄어들기 시작합니다. 특별히 못 먹을 음식도 없기에 염분과 고춧가루, 향신료만 어느 정도 제한한다면 어른들과 함께 먹어도 되는 음식들이 많아집니다.

이 시기 아이들은 아직까지 변화를 좋아하는 시기이기 때문에 다양한 조리법으로 유아식을 제공해주는 것이 좋습니다. 식판에 소량씩 밥, 국, 반찬을 주는 정식 형태도 좋고, 한 그릇 형태로 제공하는 덮밥, 고슬거리는 볶음밥, 사각이나 삼각의 모양 틀로 주먹밥 핑거푸드를 만들어주는 것도 아이에게 다양한 경험을 할 수 있게 해 올바른 식생활에 도움이 됩니다.

아침밥 먹는 습관, 공부보다 중요해요

아침밥을 먹지 않으면 폭식 습관이 생기고 소아당뇨와 비만에 걸릴 확률이 높아집니다. 아침밥은 뇌를 깨우고 신체리듬을 되찾게 해주지요. 뇌는 인체기관 중 가장 많은 포도당을 에너지원으로 사용하기 때문에 아침밥을 먹으면 두뇌회전에 도움이 되어 집중력과 기억력이 좋아집니다. 아침을 거르면 혈당수치가 떨어져 뇌, 적혈구, 신장에 큰 타격을 주지요. 피로감도 심해지며 노폐물 배출도 원활하지 않아 몸이 붓게 됩니다. 이렇게 중요한 아침밥, 어떻게 습관화할까요? 먼저 저녁에 일찍 자는 습관을 들여야 합니다. 그래야 아침에 일찍 일어나 배고픔을 느끼고 아침밥을 찾게 되지요. 올바른 생활습관과 섭생만이 평생건강을 만든다는 사실! 엄마가 먼저 실천에 옮겨주세요.

요리교육 참여 유도, 편식 예방 효과

이 시기 아이들은 오감 자극을 위해서라도 적극적으로 요리에 참여시키면 좋습니다. 잘 먹지 않는 식재료도 요리를 하다 보면 친근해져서 잘 먹게 됩니다. 편식을 방지하기 위한 방법으로도 효과적인 셈이죠.

다음은 요리과정 속에서 아이에게 교육할 내용들을 정리해봤습니다. 다양한 아이디어를 내서 시도해보세요.

요리교육 단계별 포인트

1. 요리 전 손을 깨끗이 씻고 복장을 갖춰줍니다

활동이 편하고 지저분해져도 상관없는 옷에 앞치마, 머릿수건을 갖추고 깨끗이 요리를 시작하는 마음을 갖도록 해줍니다.

2. 위험한 조리도구들에 대한 설명을 해줍니다

주방에는 위험한 조리도구들이 많습니다. 요리 전 아이에게 충분히 잘 설명을 해줘서, 아이가 위험에 처할 수 있는 돌발행동을 하는 것을 사전에 예방합니다.

3. 음식에는 만드는 이의 정성과 사랑이 듬뿍 담겨 있다는 것을 알려줍니다

음식을 만드는 것이 장난 같은 놀이로 여겨지지 않도록 하는 것이 중요합니다. 음식을 가지고 장난을 쳐서는 안되는 이유와 함께 정성과 사랑으로 대해야 한다는 점을 알려줍니다.

4. 요리하는 동안에는 서두르지 않도록 합니다

아기와 함께 요리하는 경우 마음이 다소 조급해질 수 있습니다. 느긋한 마음으로 요리과정을 이야기하고 행복한 시간으로 느껴질 수 있도록 합니다.

5 유아식 하루 스케줄
― 초기, 후기

유아식 1일 3회, 간식 2회가 적절

유아식은 초기, 후기 모두 하루 3회, 간식 2회로 동일합니다. 간식은 오전, 오후 1회씩 하루에 두 번 주면 됩니다.

아이 간식의 목적은 영양보충에 있습니다. 아이가 자라면서 모든 영양소의 필요량이 늘어납니다. 활동량이 늘어 하루 세 끼만으로는 충분한 열량과 영양소를 공급할 수가 없는 것이지요. 특히 위가 작아서 한꺼번에 많이 먹지는 못하지만 자주 먹으려고 하는 아이에게는 간식이 꼭 필요합니다.

이런 의미에서 간식의 목적은 영양보충에 있다고 할 수 있습니다. 균형 잡힌 영양 섭취로 바르게 자랐을 때 비로소 아이들은 몸도 마음도 튼튼해집니다. 엄마가 만들어주는 간식은 맛과 영양을 뛰어넘어 아이의 정서발달에도 많은 도움이 됩니다.

유아식 하루 스케줄, 수유는 500ml로 제한

유아식 식사는 어른들과 같이 아침, 점심, 저녁 함께 먹으면 됩니다. 간식은 오전 10시에 1회, 오후 3시경에 1회 주는 것이 좋습니다. 오전 10시와 오후 3시경은 저녁 식사까지 2시간 정도의 간격이 있어 적절한 시간입니다.

간식의 양은 하루 필요 열량의 10~15%가 적합합니다. 다음 식사의 식욕에 영향을 주지 않을 정도의 양만 주는 것이 바람직합니다. 수유는 되도록 500ml 이하로 제한해주세요. 너무 많이 먹어서 밥과 간식을 안 먹으려고 하면 안됩니다.

유아식 하루 스케줄

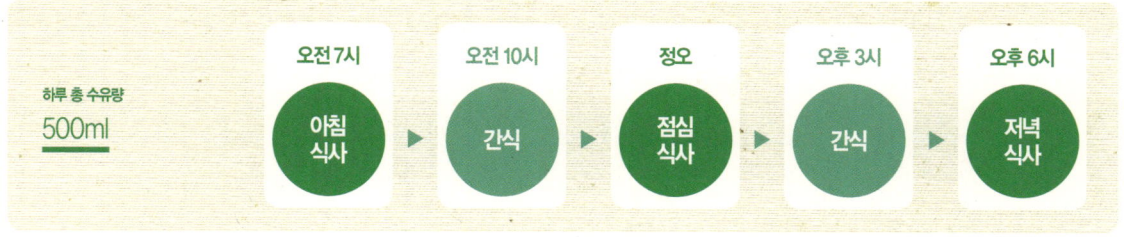

하루 총 수유량
500ml

오전 7시	오전 10시	정오	오후 3시	오후 6시
아침 식사	간식	점심 식사	간식	저녁 식사

달지 않고, 시각적으로 먹음직스러운 간식의 필요성

간식으로 너무 단 음식을 먹게 되면 소화액의 분비가 적어지며 식욕이 떨어질 수 있으므로 밥 먹기를 싫어하게 될 수도 있습니다. 그러므로 아이의 입맛을 고려하되, 싱겁고 너무 달지 않게 조리하는 것이 좋습니다. 그래야지만 맛에 대한 올바른 기호를 형성할 수 있습니다.

아이에게 간식을 줄 때는 음식의 모양과 색깔, 그릇의 모양에도 세심하게 신경을 쓰는 것이 좋습니다. 시각적으로 아이의 식욕을 돋워줄 수 있을 뿐 아니라 정서발달에도 도움이 됩니다.

후기 유아식  식단표 1

생후 25개월~7세

■ 해당 레시피는 둘째, 셋째, 넷째, 다섯째마당 보기 ■ *는 〈초보엄마 안심 이유식〉 보기. 파란색은 베베쿡 제품이고 유사제품으로 대체 가능
■ 〈초보엄마 안심 이유식〉 책이 없는 분은 베베쿡(www.bebecook.com)에서 이유식 완료기 레시피를 참고하세요.

	1일차	2일차	3일차	4일차	5일차	6일차	7일차
아침(한그릇밥)	한우콩나물국밥	백김치볶음덮밥	아기영양밥	해물토마토덮밥	닭고기바비큐덮밥	한우양송이덮밥	굴소스버섯덮밥
간식	즉석과일잼	토마토소스떡볶이	시금치수제비	계피향과일조림	나쁜엄마과일주스	롤샌드위치	닭가슴살크림수프
점심(1식3찬) 밥+아이김치 공통	돼지고기장조림 감자잡채 모시조개맑은국	쇠고기연근완자조림 오색피클 조랭이떡국	해물짜장 새송이버섯장조림 들깨채소국	아기닭갈비 아기삼색나물 굴부추국	쇠간토마토조림 멸치견과류볶음① 닭고기채소전골	채소언은생선지짐 연근채곤약조림② 미소된장국	삼치된장구이 들깨소스버섯무침 아기육개장
간식	단호박수프	늙은호박김치지짐	그릭요거트	당근아몬드찜 케이크	꼬마핫도그	바나나스무디	나쁜엄마쌀과자
저녁(1식3찬) 밥+아이김치 공통	아기해물찜 우엉채곤약조림 닭곰탕진밥*	아기간장찜닭 멸치아몬드볶음 쇠고기뭇국	쇠고기커틀릿 검은콩호두조림 애호박새우탕	연어스테이크 감자잡채 꽃게된장국	매콤오징어볶음 찹쌀경단탕수 아기만둣국	닭가슴살카레 수제어묵찜 쇠고기미역국	한우메추리알장조림 뱅어포케첩구이 대구맑은국

	8일차	9일차	10일차	11일차	12일차	13일차	14일차
아침(한그릇밥)	뿌리채소영양밥	닭고기바비큐덮밥	마파두부덮밥	달걀베이컨덮밥	닭가슴살채소덮밥	짬뽕소스덮밥	새우볶음밥
간식	시금치수제비	그릭요거트	단호박샐러드	치즈감자크로켓	고구마맛탕	나쁜엄마과일주스	토마토스파게티
점심(1식3찬) 밥+아이김치 공통	가자미된장구이④ 양송이버섯장조림⑤ 닭고기채소전골	쇠간토마토조림 멸치아몬드볶음 쇠고기완자맑은국	아기닭갈비 시금치나물⑥ 바지락맑은국⑦	한우장조림⑧ 감자잡채 게살미역국⑨	채소언은생선지짐 고사리나물⑩ 조랭이떡국	아기간장찜닭 강낭콩호두조림⑪ 굴부추국	쇠고기카레⑫ 수제어묵찜 닭곰탕진밥*
간식	호박콩팥범벅	감자치즈구이	나쁜엄마쌀과자	토마토스파게티	알감자이	김치지짐⑬	블루베리스무디⑭
저녁(1식3찬) 밥+아이김치 공통	쇠고기짜장⑮ 찹쌀경단탕수 미소된장국	연어스테이크 우엉채곤약조림 아기육개장	아기해물찜 메추리알조림⑯ 쇠고기뭇국	매콤오징어볶음 들깨소스버섯무침 아기만둣국	돼지고기커틀릿⑰ 오색피클 아욱된장국⑱	쇠고기연근완자조림 뱅어포케첩구이 들깨채소국	돼지고기감자장조림⑲ 무나물⑳ 애호박새우탕

① 멸치견과류볶음 : 멸치아몬드볶음에 호두, 잣 등 견과류 추가
② 연근채곤약조림 : 우엉채곤약조림에서 우엉 대신 연근 사용
③ 치즈감자크로켓 : 새우치즈감자크로켓에서 새우 빼고 조리
④ 가자미된장구이 : 삼치된장구이에서 삼치 대신 가자미 사용
⑤ 양송이버섯장조림 : 새송이버섯장조림에 새송이버섯 대신 양송이버섯 사용
⑥ 시금치나물 : 아기삼색나물
⑦ 바지락맑은국 : 모시조개맑은국에서 모시조개 대신 바지락 사용
⑧ 한우장조림 : 한우메추리알장조림에서 메추리알 빼고 조리
⑨ 게살미역국 : 쇠고기미역국에서 쇠고기 대신 게살 사용
⑩ 고사리나물 : 아기삼색나물

⑪ 강낭콩호두조림 : 검은콩호두조림에서 검은콩 대신 강낭콩 사용
⑫ 쇠고기카레 : 닭가슴살카레에서 닭고기 대신 쇠고기 사용
⑬ 김치지짐 : 늙은호박김치지짐에서 늙은호박 빼고 조리
⑭ 블루베리스무디 : 바나나스무디에서 바나나 대신 블루베리 사용
⑮ 쇠고기짜장 : 해물짜장에서 해물 대신 쇠고기 사용
⑯ 메추리알조림 : 한우메추리알장조림에서 쇠고기 빼고 조리
⑰ 돼지고기커틀릿 : 쇠고기커틀릿에서 쇠고기 대신 돼지고기 사용
⑱ 아욱된장국 : 꽃게된장국에서 꽃게 대신 아욱 사용
⑲ 돼지고기감자장조림 : 돼지고기장조림에 감자 추가
⑳ 무나물 : 아기삼색나물

후기 유아식 체크리스트

생후 25개월~7세

01
하루 총 수유량은
500ml 이하로 제한한다.

02
1일 식사 횟수는 3회,
간식은 오전, 오후 2회로 진행한다.

03
식사시간을 정해
규칙적으로 한다.

04
초기 반찬보다는 식재료의 크기를
좀더 크게 썬다.

05
초기보다 간이나 양념을 더해
다양한 맛과 질감을 즐길 수 있도록 한다.

06
위생적인 면을 이해시켜
식사 전에 손을 씻는 습관을 들인다.

07
식사예절을
익히도록 한다.

08
국에 밥을 말아
먹이지 않는다.

09
밥을 먹지 않으려고 할 때는
일품요리(영양밥)로 구성해서 준다.

10
반찬은 아이김치를 포함해
3가지 종류 이상으로 구성한다.

11
영양의 균형을
신경쓴다.

12
변비가 있는 아이에게는
섬유질이 풍부한 채소를 먹인다.

13
잘 먹지 않는 음식은
억지로 먹이려고 하지 않는다.

14
시중에서 판매하는 소스를
사용할 수 있다.

15
젓가락질을
시작한다.

16
바른 자세로
한 자리에서 먹도록 한다.

후기 유아식  식단표 2

생후 25개월~7세

■ 해당 레시피는 둘째, 셋째, 넷째, 다섯째마당 보기 ■ *는 〈초보엄마 안심 이유식〉 보기. 파란색은 베베쿡 제품이고 유사제품으로 대체 가능
■ 〈초보엄마 안심 이유식〉 책이 없는 분은 베베쿡(www.bebecook.com)에서 이유식 완료기 레시피를 참고하세요.

	1일차	2일차	3일차	4일차	5일차	6일차	7일차
아침(한그릇밥)	닭가슴살채소덮밥	짬뽕소스덮밥	한우양송이덮밥	달걀베이컨덮밥	돼지고기볶음밥	뿌리채소영양밥	마파두부덮밥
간식	새우치즈감자크로켓	당근아몬드찜케이크	꼬마핫도그	시금치수제비	나쁜엄마쌀과자	롤샌드위치	단호박샐러드
점심(1식3찬) 밥+아이김치 공통	한우불고기 수제어묵찜 들깨채소국	닭가슴살카레 쇠고기두부찜 애호박새우탕	채소연은생선지짐 들깨소스시금치나물 아기육개장	쇠고기커틀릿 오색피클 꽃게된장국	연두부게살버섯찜 검은콩호두조림 쇠고기완자맑은국	한우메추리알장조림 채소두부찜 미소된장국	닭고기우유조림 쇠간토마토조림 모시조개맑은국
간식	바나나스무디	삼색고구마경단	그릭요거트	알감자구이	계피향과일조림	닭고기커틀릿	나쁜엄마과일주스
저녁(1식3찬) 밥+아이김치 공통	삼치된장구이 새송이버섯장조림 쇠고기미역국	샤브샤브덮밥소스 뱅어포케첩구이 닭곰탕진밥*	아기간장찜닭 돼지고기마늘종볶음 굴부추국	환살생선데리야키조림 채소된장구이 쇠고기뭇국	꼬마닭갈비 잔멸치애호박볶음 조랭이떡국	연어스테이크 아기잡채 닭고기채소전골	아기해물찜 무나물잣소스무림 아기만둣국

	8일차	9일차	10일차	11일차	12일차	13일차	14일차
아침(한그릇밥)	아기영양밥	백김치볶음덮밥	닭고기바비큐덮밥	해물토마토덮밥	제육볶음덮밥	달걀베이컨덮밥	한우콩나물국밥
간식	늙은호박김치지짐	토마토스파게티	고구마맛탕	나쁜엄마과일주스	즉석과일잼	감자치즈구이	호박콩팥범벅
점심(1식3찬) 밥+아이김치 공통	오징어볼채소조림 연근고구마조림 쇠고기뭇국	닭고구마탕 들깨소스시금치견과나물 게살미역국①	매콤오징어볶음 배추속대장과 닭고기채소전골	섭산적 새송이버섯장조림 대구맑은국	흰살생선달걀말이 아기삼색나물 아기육개장	쇠고기볼채소조림② 멸치아몬드볶음 닭곰탕진밥*	가자미된장구이③ 감자잡채 아기만둣국
간식	블랙베리스무디④	나쁜엄마쌀과자	닭가슴살크림수프	치즈감자크로켓⑤	닭고기커틀릿	그릭요거트	토마토소스떡볶이
저녁(1식3찬) 밥+아이김치 공통	돼지고기장조림 보리새우마늘종볶음⑥ 조랭이떡국	해물짜장 찹쌀경단탕수 미소된장국	쇠고기연근완자조림 들깨소스버섯무침 바지락맑은국⑦	해물파프리카볶음 메추리알조림⑧ 들깨채소국	쇠고기밥조림 느타리두부볶음 굴부추국	흰살생선무조림 우엉채곤약조림 쇠고기미역국	돼지고기커틀릿⑨ 시금치달걀찜 아욱된장국⑩

① 게살미역국 : 쇠고기미역국에서 쇠고기 대신 게살 사용

② 쇠고기볼채소조림 : 오징어볼채소조림에서 오징어 대신 쇠고기 사용

③ 가자미된장구이 : 삼치된장구이에서 삼치 대신 가자미 사용

④ 블랙베리스무디 : 바나나스무디에서 바나나 대신 블랙베리 사용

⑤ 치즈감자크로켓 : 새우치즈감자크로켓에서 새우 빼고 조리

⑥ 보리새우마늘종볶음 : 돼지고기마늘종볶음에서 돼지고기 대신 보리새우 사용

⑦ 바지락맑은국 : 모시조개맑은국에서 모시조개 대신 바지락 사용

⑧ 메추리알조림 : 한우메추리알장조림에서 쇠고기 빼고 조리

⑨ 돼지고기커틀릿 : 쇠고기커틀릿에서 쇠고기 대신 돼지고기 사용

⑩ 아욱된장국 : 꽃게된장국에서 꽃게 대신 아욱 사용

간식  체크리스트

유아식 초기, 후기 공통

01

간식은 오전, 오후 2회 제공한다.

02

되도록 신선한 재료를 이용해
정성껏 만들어 먹인다.

03

밥을 먹지 않으면
간식을 주지 않거나 양을 줄인다.

04

간식은 세 끼 식사의 부족한
영양과 칼로리를 보충할 수 있는 것으로 준다.

05

햄이나 통조림 식품은 뜨거운 물에 살짝 데쳐
첨가물과 기름기를 뺀 뒤 사용한다.

06

시중에 판매하는 간식은
아이 전용으로 시작하는 것이 좋다.

07

소화흡수력이 약한 아이에게
유제품은 적당히 준다.

08

또래 아이들과 어울려 간식을 먹여
사회성을 기르도록 한다.

09

가공식품은 되도록 늦게
맛보게 하는 것이 좋다.

10

잘 먹지 않는 재료는 맛과 향을 가미해
풍미를 준 간식을 만들어서 준다.

11

기름진 음식을 먹일 때는
섬유질이 풍부한 채소나 과일을 곁들여
지방을 배출할 수 있도록 한다.

12

아토피가 있는 아이에게는
비타민 C가 많이 함유된 식품을
간식으로 준다.

13

아토피가 있는 아이에게는
첨가물을 꼼꼼히 따져보고 줘야 한다.

14

간식을 먹인 후에는
입 안을 헹구어준다.

15

소아비만이 있는 아이라면
설탕이 들어 있는 간식은 피한다.

유아식 필수 코스 – 4가지 육수 만들기

1. 다시마육수

재료 | 마른다시마 5×5cm 2장, 생수 1000ml(약 5+1/2컵)

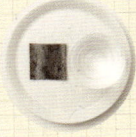

만드는 법

① 마른다시마는 겉면을 닦아낸 다음 물에 깨끗이 씻는다.

② 마른다시마를 생수(찬물)에 30분간 담가둔다. 마른다시마를 미리 찬물에 담가두어야 잘 우러나오고 끈적임이
   덜하다.

③ 불을 켜고 센불에서 끓이다 끓어오르면 거품을 걷어내고 중불에서 5분간 끓인다.

④ 다시마를 건져낸다.

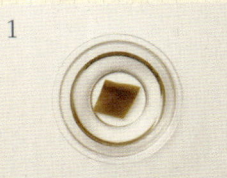

2. 멸치다시마육수

재료 | 다시멸치 2마리, 마른다시마 5×5cm 1장, 생수 1000ml(약 5+1/2컵)

만드는 법

① 다시멸치는 머리와 내장을 제거한다.

② 프라이팬에 다시멸치를 넣고 볶아서 비린내를 제거한다. (급할 경우 ①, ②단계는 건너뛰어도 된다. 하지만
   유아식은 비린맛을 없애야 하므로 되도록 단계를 건너뛰지 않는 것이 좋다.)

③ 마른다시마는 물에 깨끗이 씻은 다음 생수(찬물)에 30분 정도 담가둔다.

④ 마른다시마 우린 물에 멸치를 넣고 중불로 5분간 끓인다.

⑤ 끓어오르면 다시마는 건져내고 5분 더 끓인다. (다시마를 오래 끓이면 끈끈한 점성물질이 나와서 국물이
   탁해진다.)

⑥ 멸치를 건져낸다.

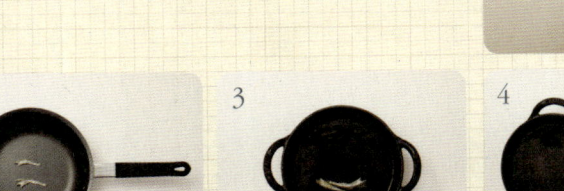

3. 쇠고기육수

재료 | 쇠고기 100g(약 1/2컵), 양파 20g(약 1큰술 + 1작은술), 생수 1000ml(약 5+1/2컵)

만드는 법

① 기름기를 제거한 쇠고기를 찬물에 30분 정도 담가 핏물을 뺀다. 누린내도 없어지고 깨끗한 육수가 만들어진다.

② 냄비에 쇠고기, 양파, 생수를 넣고 센불에서 끓인다.

③ 끓어오르면 거품을 걷어낸다. 중불로 30분, 약불로 5분간 끓인다.

④ 한 김 식힌 다음 고기와 기름을 면보에 걸러낸다. (만약 시간이 없으면 얼음을 1~2개 넣어 지방을 굳힌 다음 수저로 불순물과 지방을 걷어내면 된다.)

1	2	3	4

4. 닭고기육수

재료 | 닭가슴살 100g(약 1/2컵), 양파 20g(약 1큰술 + 1작은술), 생수 1000ml(약 5+1/2컵)

만드는 법

① 냄비에 생수를 붓고 닭가슴살과 껍질 벗긴 양파를 넣고 센불에서 끓인다.

② 끓어오르면 중불로 줄이고 30분 정도 푹 끓인다.

③ 약불로 줄이고 5분간 끓인다.

④ 한 김 식힌 다음 고기와 기름을 면보에 걸러낸다. (만약 시간이 없으면 얼음을 1~2개 넣어 지방을 굳힌 다음 수저로 불순물과 지방을 걷어내면 된다.)

1	2	3

CHECK LIST

- 건더기 크기 갑자기 키우지 않는다. (이유식 직후 0.8cm 크기)
- 염분 적정량 엄수
- 1일 3식 (간식 2회)
- 수유 500ml

베베쿡 No.1 반찬 **한우불고기**

식욕 상승 일품 반찬 **쇠고기밤조림**

키 쑥쑥 저자극 성장식 **닭고기우유조림**

시원한 맛, 해산물 No.1 반찬 **환살생선무조림**

씹는 맛 일품, 치아 훈련 반찬 **돼지고기마늘종볶음**

밥 한그릇 뚝딱! 밥도둑 반찬 **닭고구마탕**

입 짧은 아이도 좋아하는 반찬 **샤브샤브덮밥소스**

잘 못 씹는 아이에게 추천 **쇠고기두부찜**

호로록 면 먹는 재미 **아기잡채**

밥에 쓱싹 비벼 먹기 최고! **연두부게살버섯찜**

고소한 맛 일품 **연근두유조림**

엄마는 다이어트, 아이는 변비 예방! **연근고구마조림**

말랑말랑 멸치, 칼슘 대왕! **잔멸치애호박볶음**

해산물 싫어하는 아이도 OK! **환살생선데리야키조림**

해물 싫어하는 아이, 눈 가리고 아웅! **해물파프리카볶음**

전통 입맛 쏙쏙! **채소된장구이**

베베쿡 추천, 뜨는 식재료 **한우렌틸콩토마토볶음**

채소 싫어하는 아이도 굿! **시금치달걀찜**

감기 예방 인기 음식 **무나물잣소스버무림**

콜록콜록 기침 예방 **배추속대장과**

고단백 완전 영양식 **느타리두부볶음**

씹는 재미가 있어요 **오징어볼채소조림**

고소한 나물 반찬 **들깨소스시금치나물**

머리가 똑똑해지는 반찬 **환살생선달걀말이**

베베쿡 인기 메뉴 **섭산적**

생후 15개월~7세

반찬
1

첫째
마당

한우불고기

골격과 치아를 튼튼하게! 철분 강화

아기가 처음 먹는 불고기 반찬으로, 최소한의 간과 양념만 첨가해 조리합니다.
쇠고기에 양파나 당근, 팽이버섯 등의 채소를 넣어 함께 볶습니다.
진밥에 비비듯이 섞어서 먹이면 아기들이 아주 좋아해요.
베베쿡에서도 인기 만점 메뉴로 손꼽히는 레시피입니다.

베베쿡
No.1 반찬

한우(우둔살 슬라이스) 65g
(약 4큰술 + 1작은술),
팽이버섯 45g (약 1/2컵),
당근 20g (약 2큰술),
양파 45g (약 3큰술),
부추 5g (약 1큰술)
☆ 기름 : 현미유 약간

쇠고기 재우기
생파인애플 약간,
간장 1.5g (약 1/3작은술),
청주 약간,
생강즙 약간,
다진마늘 약간,
황설탕 한꼬집,
후춧가루 한꼬집,
참기름 약간

1 쇠고기는 1cm 크기로 나박썰어 찬물에 30분 정도 담가 핏물을 뺀 다음, 분량의 양념에 30분 정도 재워둔다.

고기의 연육 작용을 위해 생파인애플즙이나 키위즙을 약간 첨가하면 좋다. 그러면 입에서 녹을 듯이 부드러운 불고기가 완성된다.

2 팽이버섯은 1cm 길이로 썬다. 당근과 양파는 1cm로 채썬다. 부추는 0.5cm로 송송썬다.

아기가 먹는 불고기이므로 진한 양념보다는 쇠고기와 채소 특유의 단맛을 이용해 조리한다.

3 프라이팬에 현미유를 약간 두르고 생수 15ml(약 1큰술)를 추가한 다음, 재워둔 쇠고기를 넣어 무르게 볶는다. 중불로 5분간 볶다가 당근과 양파를 넣고 5분간 볶는다. 팽이버섯 넣고 약불에서 3분간 볶는다.

생수 대신 다시마육수를 넣어도 된다. 다시마육수 만드는 법은 42쪽 참고.

4 마지막으로 부추를 넣은 다음 살짝 볶는다. 밥, 아이김치, 국과 함께 낸다.

아이김치는 어른용 김치보다 염분과 고춧가루 등 양념을 덜 넣고 만든 것으로, 자극이 적어서 아이가 먹기에 좋다. 일반 김치를 물에 씻어 먹여도 괜찮다.

잠깐만요

1인분 레시피를 2인분 이상 조리시 주의사항

이 책은 1인분 기준으로 계량했습니다. 2인분 이상 조리한다고 해서 양념과 물의 양을 2배로 늘리지는 마세요. 불의 세기과 조리도구 등에 따라 양념과 물의 양을 10% 정도 덜어내는 것이 좋습니다.

잠깐만요

불고기에 당면 추가, 면발 빨아먹는 재미

다시마육수를 100ml(약 2/3컵) 정도 추가하고 당면을 10g(약 1큰술) 정도 섞어서 국물이 있는 불고기로 조리해도 맛있습니다. 그러면 아기가 당면을 후루룩 빨아먹는 것을 재미있어하는 레시피가 됩니다.

유아식에 좋은 한우, 우둔살

우둔살은 소 엉덩이 안쪽 살로, 지방이 거의 없는 살코기입니다. 불고기, 산적, 장조림 등 유아용 음식에 좋은 식재료입니다.

구하기 힘든 재료는 생략해도 OK!

베베쿡 레시피대로 맛을 내고 싶다면 계량컵이나 계량스푼 등 도구를 사용해 정량을 넣어야 하지만, 그럴 수 없다면 밥숟가락이나 종이컵을 사용해보세요. 그리고 구입하기 번거로운 식재료는 생략해도 됩니다. 여기서 쇠고기 재울 때 들어가는 생파인애플은 생략해도 큰 지장이 없어요.

식욕 상승
일품 반찬

쇠고기밤조림

기억력 강화, 설사 · 배탈 천연 치료제

밤은 본래의 달고 고소한 맛이 일품입니다. 밤의 과당에는 위장을 튼튼하게 해주는 성분이 많이 들어 있어서 섬유질이 풍부한 연근과 함께 조리하면 설사 · 배탈에 천연 치료제가 됩니다. 성장발육에 도움을 주는 탄수화물, 단백질, 비타민, 칼슘, 철, 나트륨 등의 무기질이 골고루 들어 있는 밤과 쇠고기의 조합만으로도 훌륭한 반찬이라고 할 수 있습니다. 섬유질과 무기질이 풍부한 연근은 쇠고기의 영양을 흡수하도록 도와주기 때문에 좋은 음식 궁합입니다. 완성 후 첨가하는 잣은 두뇌개발에 좋습니다.

한우(우둔살) 35g (약 2큰술 + 1작은술),
깐밤 35g (약 3큰술 + 1작은술),
연근 15g (약 1큰술),
무 30g (약 3큰술),
양파 30g (약 2큰술),
잣 약간

식촛물
생수 1000ml (약 5+1/2컵),
식초 10g (약 2작은술)

양념장
생수 50ml (약 1/4컵),
생파인애플 약간,
통마늘 1쪽,
통생강 편으로 1개,
통후추 5알,
대파 3cm,
마른다시마 약간,
간장 2g (약 1/2작은술),
올리고당 2g (약 1/2작은술)

잘 알고 만들어요

밤과 잣의 기특한 효능

밤의 과당에는 위장을 튼튼하게 해주는 성분이 많습니다. 잣은 두뇌개발에 좋고요. 밤과 잣은 가을이 제철입니다. 꼭 식단에 올려서 아이 건강을 챙겨주세요. 제철식품 정보는 261쪽을 참고 하세요.

잘 알고 만들어요

좋은 생강, 마늘 고르는 법

• 생강: 크고 단단하고 황토색을 띠는 것, 껍질이 잘 벗겨지며 발이 굵고 넓은 것이 좋은 생강입니다.

• 마늘: 표면이 단단하고 묵직하며 윤기가 흐르는 것, 껍질이 없고 약간 붉은빛이 돌면서 잘 마른 것, 쪽수가 적고 촘촘하게 보이는 것이 좋은 마늘입니다.

1

1 밤은 겉껍질과 속껍질을 까서 준비한다. 1.5cm로 깍둑썰기한 다음 끓는 물에 넣고 10분간 삶는다.

2

2 연근은 채칼로 껍질을 벗긴 다음 1cm로 깍둑썰어서, 식촛물에 넣고 중불로 30분 이상 삶는다.

연근을 식촛물에 삶는 것은 갈변을 방지하고 아린맛을 제거하며 식감을 향상시키기 위해서다. 연근은 이미 식촛물에 삶았으므로 6번 단계에서 오래 끓일 필요가 없다.

3

3 쇠고기와 무는 1cm 크기로 썰어 끓는 물에 넣고, 센불에서 10분간 삶아서 건져둔다. 쇠고기는 찬물로 깨끗하게 씻는다.

쇠고기는 애벌 삶은 다음 찬물로 씻어서 조리해야 국물이 깔끔하다. 혹은 마늘, 파와 함께 쇠고기를 덩어리째 넣고 약 10분간 삶은 다음 깍둑썰어서 조려도 부드럽게 완성된다.

4

4 양파는 껍질을 벗긴 다음 1cm로 깍둑썬다.

5

5 냄비에 분량의 양념장을 넣고 약불로 10분간 끓인 다음 건더기를 건져내 소스를 준비한다.

건더기는 꼭 5번 단계에서 건져내지 않아도 된다. 면보나 거즈에 담아서 6번 단계까지 같이 조리한 다음 마지막에 빼도 된다.

6

6 소스에 연근을 넣고 중불로 끓인다. 끓어오르면 밤과 쇠고기를 넣고 5분간 끓인다. 약불로 줄인 다음 양파와 무를 넣고 조린다. 재료가 다 익으면 잣을 넣어 마무리한다. 밥 위에 얹어 덮밥처럼 먹거나 밥과 국, 아이김치와 함께 낸다.

반찬 1:
생후 15개월
~7세

닭고기우유조림

고단백 영양식, 근육발달, 키 쑥쑥!

고단백의 닭고기를 우유소스와 함께 조리한 부드럽고 순한 맛의 반찬입니다.
자극적이지 않아서 아기 입맛에 맞습니다. 우유는 영양적으로 우수한 식품이면서 닭고기의 퍽퍽한 육질을
부드럽게 해주고 비린내 제거에도 탁월한 효과를 보입니다.

키 쑥쑥
저자극
성장식

닭가슴살 75g (약 1/2컵),
월계수잎 1개,
새송이버섯 15g (약 2큰술),
양배추 25g (약 3큰술),
양파 20g (약 1큰술 + 1작은술),
청피망 7g (약 1큰술)
☆ 국물 : 멸균우유 6g (약 2/5큰술),
　　　전지분유 12g (약 4/5큰술)
☆ 가루 : 파슬리가루 한꼬집,
　　　소금 한꼬집

닭고기 재우기

청주 약간,
양파즙 약간,
다진마늘 약간,
흰후춧가루 한꼬집

1 닭고기는 1cm로 깍둑썰어 양념에 1시간 이상 재워둔다.

닭가슴살이라도 중간에 뼈가 숨어 있는 경우가 종종 있다. 익히기 전에 손으로 닭가슴살을 주물러 확인하는 것이 안전하다.

2 재워둔 닭고기는 월계수잎과 함께 끓는 물에 넣고, 중불에서 5분간 데친다.

고기를 삶거나 데칠 때 월계수잎을 넣으면 누린내를 없앨 수 있다. 요즘은 정육점에서 서비스로 월계수잎을 제공하기도 하니 잘 활용해보자. 닭고기 데친 물은 육수로 사용할 수 있다.

3 새송이버섯, 양배추는 1cm로 나박썬다. 양파는 1cm로 썬다. 청피망은 1cm로 썬 다음 끓는 물에 넣고 중불에서 30초간 데친다.

양배추의 굵은 심지는 제거한다.

4 냄비에 생수 30ml(약 2큰술)를 두르고 양파와 양배추를 함께 볶다가, 멸균우유와 전지분유를 넣고 중불에서 5분간 끓인다. 새송이버섯, 닭고기를 넣고 10분 정도 푹 끓인다.

5 닭고기가 잘 익었으면 약불로 줄인 다음, 청피망과 파슬리가루를 넣고 소금으로 간하고 불을 끈다.

피망과 파슬리가루는 특유의 향이 있어서 맛을 북돋우기 위한 향신료로 많이 사용한다. 처음 접하는 아기인 경우 빼고 조리해도 무방하다.

잘 알아만요

음식 맛 돋우는 양파즙 내기

양파즙은 고기를 재우거나 양념장 등에 넣으면 좋습니다. 양파를 강판에 갈아서 깨끗한 거즈에 넣어 짜면 됩니다. 요리할 때마다 양파즙을 내는 것이 번거롭다면 양파를 많이 갈아서 얼음틀에 넣어 얼려두고 사용하면 편리합니다. 다진마늘도 마찬가지로 얼려서 사용할 수 있어요.

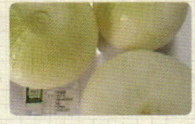

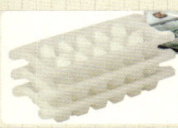

아기들 음식에는 흰후춧가루가 적합

흔히 요리에 사용하는 것은 흑후춧가루입니다. 흰후춧가루는 껍질을 제거하고 만든 후춧가루로, 흑후춧가루보다 향이 부드럽기 때문에 아기들 음식에 적합합니다.

시원한 맛,
해산물
No.1 반찬

흰살생선무조림

두뇌개발, 고단백 영양식, 소화개선

흰살생선은 고단백 저칼로리 식품으로, 지방이 적고 필수아미노산이 풍부합니다. 담백하고 소화시키기도 쉬워
아기에게 먹이기 좋은 레시피입니다. 시원한 맛의 무와 함께 조리면 생선을 처음 먹는 아기도 거부감 없이 먹을 수 있는,
단순하면서도 맛 좋은 반찬이 됩니다.

흰살생선 85g (약 2/3컵),
무 55g (약 1/2컵 + 1큰술),
당근 8g (약 4/5큰술),
새송이버섯 45g (약 1/2컵 + 1작은술),
참기름 2g (약 1/2작은술)

흰살생선 재우기

청주 약간,
생강즙 약간,
다진마늘 약간

조림장

생수 180ml (약 1컵),
꽈리고추 3g (약 1/3등분),
마른다시마 약간,
간장 2g (약 1/2작은술),
올리고당 2g (약 1/2작은술)

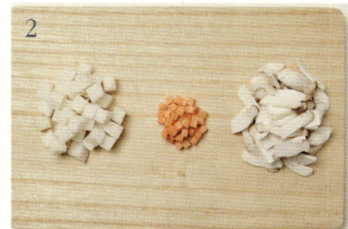

1 흰살생선은 깨끗하게 씻어서 1.5cm 크기로 깍둑썰어 양념에 30분간 재워두었다가, 끓는 물에 넣고 중불에서 10초간 데친다.

흰살생선으로는 동태, 대구, 가자미, 홍메기 등이 있다. 어떤 생선이든 조리 전에 살짝 데쳐야 기름기와 부유물이 빠져서 깔끔한 조림이 완성된다. 생선에 발라둔 재우기 양념은 비린내 제거용이므로 데칠 때 씻겨나가도 상관없다.

2 무는 1cm로 깍둑썬다. 당근은 0.5cm로 깍둑썬다. 새송이버섯은 1cm로 납작썬다.

3 냄비에 생수와 조림장 재료를 모두 넣고 약불에서 5분간 끓인다.

4 꽈리고추와 다시마는 건져낸 다음 무, 당근, 새송이버섯을 넣고 약불에서 10분간 끓인다.

아이에게 먹일 꽈리고추가 맵지 않은지 미리 확인한다.

5 흰살생선을 넣고 조림장이 배도록 수저로 국물을 끼얹어가며 약불에서 10분간 조린다.

6 마지막으로 참기름을 넣고 섞는다.

가족밥상활용법

아이 먹일 만큼 따로 덜어내고, 고춧가루를 추가하거나 꽈리고추를 통째로 넣어 조리하면 어른용 밥반찬으로도 좋다.

여름철 무 매운맛 제거법

여름철이라 무가 매운맛이 강할 경우에는 조림장에 설탕보다 올리고당을 넣으면 매운맛을 좀 제거할 수 있습니다.

고기, 생선 재울 때 필요한 생강청주

고기나 생선을 재울 때는 생강과 청주를 사용합니다. 미리 생강청주를 만들어놓으면 편리하게 사용할 수 있어요. 청주와 생강을 2 : 1 비율로 넣고 만듭니다. 이때 생강은 다지거나 믹서기에 갈아서 넣으면 됩니다.

씹는 맛 일품,
치아 훈련
반찬

돼지고기마늘종볶음

면역 증강, 항균·항산화 작용

마늘종은 피를 맑게 해주고 강력한 항산화작용을 해서 세포의 노화 방지와 혈액순환 개선에 효능을 보이는 식재료입니다.
푹 삶아 무르게 조리하면 아기가 씹어 삼키기 좋아하는 질감으로 변하지요. 마늘종은 마늘의 꽃줄기로, 국산은 햇마늘이
올라오는 5~6월에 구할 수 있습니다. 마늘종과 돼지고기를 먹으며 씹는 훈련도 할 수 있어서 일석이조 반찬입니다.

돼지고기(슬라이스) 60g (약 4큰술),
마늘종 70g (약 2/3컵),
간장 1.5g (약 1/3작은술),
황설탕 한꼬집,
백포도주 약간,
참기름 약간

☆ 기름 : 현미유 약간

돼지고기 재우기

생파인애플 약간,
청주 약간,
생강즙 약간,
다진마늘 약간,
흰후춧가루 한꼬집

1

2

3

4

1 돼지고기는 1cm 크기로 나박썰어 찬물에 30
분 정도 담가서 핏물을 뺀 다음, 분량의 양념
에 재워둔다.

돼지고기는 본격적인 조리 전에 한 번 데치면 부유물 없이
깔끔하다. 하지만 고기 비린내를 제거하기 위해 찬물에 담가
놓은 상태이고 하니 바쁘면 생략해도 괜찮다.

2 마늘종은 1cm 길이로 송송썰어 센불에서 10분
간 푹 삶는다. 삶는 물에는 간장을 넣는다.

마늘종은 매운맛이 있기 때문에 미리 끓는 물에 삶은 다음
볶아야 부드럽고 순하게 조리된다. 삶을 때는 소금이나 간장
으로 밑간을 살짝 해준다.

3 프라이팬에 현미유를 두르고 약불에서 돼지고
기를 5분간 볶다가 황설탕, 마늘종을 넣고 10
분간 조린다.

마늘종에서 물기가 나오기 때문에 별도로 생수나 육수를 첨
가할 필요는 없다.

4 마지막에 돼지고기 잡내를 잡기 위해 백포도
주를 넣고 센불로 키워서 알코올 성분을 증발
시킨다. 참기름을 넣어서 마무리한다.

백포도주가 없으면 청주로 대체한다.

잘 만 들 어 요

마늘, 생강 껍질 쉽게 까는 법

• 마늘 : 꼭지 부분을 잘라 물에 담가두었다가 껍질을 까거나, 꼭지를 제거한 채
전자레인지에 넣고 15~20초 정도 돌려 껍질을 바삭하게 만들면 쉽게 껍질을
깔 수 있습니다.

• 생강 : 냉동실에 넣어 얼렸다가 살짝 해동한 다음 문지르면 껍질이 잘 벗겨집니다.

좋은 마늘종 고르기

마늘종은 곧고 탄력이 있으며 아랫부분이 옅
은 녹색을 띠는 것이 좋은 마늘종입니다. 국
산 마늘종이 안 나오는 겨울철에는 우엉으로
대체해서 레시피대로 따라 만들어보세요.

닭고구마탕

변비 해소, 근육발달

섬유질이 많고 달콤한 맛의 고구마와 소화가 잘되는 단백질 덩어리인
닭가슴살로 조리한 레시피입니다. 양념으로 토마토케첩을 소량 넣어서
새콤달콤합니다. 닭고구마탕은 아이들이 아주 좋아하는 밥도둑 반찬입니다.

밥 한그릇
뚝딱!
밥도둑 반찬

닭가슴살 75g (약 2/3컵),
양파 40g (약 2+2/3큰술),
고구마 70g (약 1/3컵 + 1큰술)
☆ 양념 : 간장 2g (약 1/2작은술),
     토마토케첩 2g (약 1/2작은술),
     황설탕 한꼬집,
     소금 한꼬집

닭가슴살 밑간

생강즙(혹은 생강가루) 약간,
다진마늘 약간,
흰후춧가루 한꼬집

1 닭가슴살은 1cm 내외로 썰어서 양념으로 밑간
해둔다.

2 양파와 고구마는 1cm 크기로 깍둑썬다.

3 고구마는 165℃로 5~10분간 예열해둔 오븐에
서 25분간 굽는다.

오븐이 없으면 삶는다.

4 냄비에 생수 50ml(약 3큰술 + 1작은술)를 두르
고 닭가슴살과 양파를 함께 넣고 중불에서 10
분간 볶는다. 간장, 토마토케첩, 황설탕, 소금
으로 양념한 다음 약불로 5분간 조린다.

기름기 없이 담백하고 깔끔한 맛을 내기 위해 현미유 대신
생수를 두르고 볶는다.

5 구워둔 고구마를 넣고 살살 섞는다. 밥, 국 등
과 함께 낸다.

가족밥상활용법

쇠고기고추장볶음 만들 때처럼,
토마토케첩 대신 고추장을 넣어
볶아보자. 매콤한
닭고구마볶음을 맛볼 수 있다.

잘 만 알 아 요

고구마는 오븐에 굽는 것이 가장 맛있어요

고구마는 삶아서 조리해도 괜찮지만 오븐에 굽는 것이 가장 맛
이 좋습니다. 특히 호박고구마는 수분이 많아서 오븐에 구우면
잘 부서지지 않게 됩니다.

토마토케첩, 조금만 넣어도 풍미가 살아요

국물이 어느 정도 있어야 하는 레시피입니다. 그리고 빨갛게 조리는 것이 아니
므로, 토마토케첩은 레시피에 적힌 대로 소량만 넣고 간장으로 간을 맞춥니다.
토마토케첩을 조금만 사용해야 고구마와 담백한 닭고기 맛이 살아 있습니다.

샤브샤브덮밥소스

반찬 1 :
생후 15개월
~7세

골격 · 치아 발달, 변비 해소, 빈혈 예방, 최고의 단백질 반찬

채소와 곁들여 먹는 샤브샤브를 아이가 먹기 편하도록 함께 조리해 담아내는 레시피입니다.
부드러운 쇠고기와 시원한 맛의 채소 국물이 조합된 메뉴로, 이 소스에 밥을 말아서 볶으면 영양밥으로도
활용할 수 있습니다. 입 짧은 아이도 거부감 없이 잘 먹는 반찬입니다.

입 짧은
아이도 좋아
하는 반찬

한우(슬라이스) 45g (약 3큰술),
알배추 35g (약 1/2컵),
새송이버섯 35g (약 1/2컵),
팽이버섯 10g (약 2큰술),
양파 15g (약 1큰술),
마른다시마 약간

☆ 국물 : 다시마육수 100ml
(약 1/2컵 + 1큰술)

쇠고기 재우기
생파인애플 약간,
청주 약간,
다진마늘 약간,
흰후춧가루 한꼬집,
참기름 약간

1 쇠고기는 1cm 크기로 나박썰어 찬물에 30분
정도 담가두어 핏물을 뺀 다음, 분량의 양념에
재워둔다.

바쁘면 쇠고기에 머리 양념을 하지 않고, 3번 단계에서 다시
마육수에 양념을 한 다음 생고기를 그대로 넣고 끓여도 된다.

2 알배추와 새송이버섯은 1cm로 굵게 채썬다.
팽이버섯은 깨끗이 손질해서 1cm 길이로 송송
썬다. 양파는 1cm로 나박썬다.

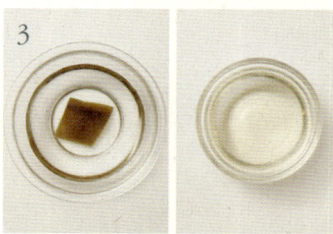

3 마른다시마를 생수에 넣고 끓여서 다시마육수
를 만든다.

다시마육수 만드는 법은 42쪽 참고

4 냄비에 생수 30ml(약 2큰술)를 두르고 쇠고기,
양파, 알배추, 새송이버섯 순으로 넣고 중불에
서 10분간 볶는다. 다시마육수를 넣고 5분 정
도 끓인다.

5 마지막으로 팽이버섯을 넣고 약불로 5분간 끓
여서 완성한다.

잠깐만요

샤브샤브 다른 채소로 무한 활용
샤브샤브덮밥소스는 쇠고기를 기본으로 하고 청경채나 양송이버섯, 숙주나물, 파프리카 등 채소를 다양하게 넣어서 조리할 수 있는 레시피입니다.

잘 못 씹는
아이에게
추천

쇠고기두부찜

성장발육, 두뇌개발

두부를 깍둑썰어 쇠고기와 채소를 함께 넣고 볶은 메뉴로, 다시마육수를 자작하게 부어 전분으로 적당한 농도를 맞춘
마파두부와 형태가 비슷합니다. 아직은 유아 초기이기 때문에 매운맛의 두반장을 사용한 마파두부는 먹일 수 없으므로,
돼지고기 대신 쇠고기를 사용하고 간장으로 간을 했습니다.

다진 한우(우둔살) 25g (약 1+2/3큰술),
애호박 20g (약 2큰술),
양송이버섯 8g (약 1큰술 + 1작은술),
당근 10g (약 2큰술),
두부 45g (약 4+1/3큰술),
검은콩두부 30g (약 3큰술)
☆ 국물 : 다시마육수 50ml (약 1/4컵)
☆ 가루 : 감자전분 2.5g (약 1/2작은술)
☆ 기름 : 현미유 약간

쇠고기 재우기

생파인애플 약간,
진간장 3g (약 1/5큰술),
청주 약간,
생강즙(혹은 생강가루) 약간,
다진마늘 약간,
흰후춧가루 한꼬집,
참기름 약간

1 다진 쇠고기는 찬물에 30분 정도 담가 핏물을 뺀 다음 양념에 재워둔다. 감자전분은 동량의 생수(찬물)에 담가둔다.

감자전분은 뜨거운 물에 넣으면 뭉치므로 찬물에 푼다. 쇠고기를 재울 때 생파인애플을 넣으면 고기가 연해지고 맛도 좋아진다. 없으면 생략해도 무방하다.

2 애호박, 양송이버섯, 당근은 1cm로 채썬다. 두부와 검은콩두부는 1cm 크기로 깍둑썬 다음 소금을 넣은 끓는 물에 넣고 중불에서 1분간 데친다.

두부를 미리 데친 다음 볶아야 깨지지 않고 깔끔하다.

3 프라이팬에 현미유를 두르고 쇠고기, 당근, 애호박, 양송이버섯을 넣고 중불에서 10분간 볶는다. 두부를 넣고 다시마육수를 부은 다음 센불에서 5분간 푹 끓인다.

두부에서 물이 많이 나오기 때문에 다시마육수는 소량만 넣어도 된다. 다시마육수 만드는 법은 42쪽 참고.

4 채소가 전부 익으면 약불로 줄인 다음, 감자전분 푼 물을 넣고 빠르게 휘저어서 농도를 맞춘다.

가족밥상활용법

아이가 먹을 만큼의 분량을 덜어내고 두반장소스를 넣어 볶으면 마파두부가 된다. 어른들을 위한 한그릇밥으로 제격이다.

잠깐만요

감자전분은 튀김옷, 소스 만들 때 안성맞춤!

전분(녹말)을 내는 식품은 감자, 고구마, 옥수수 등이 있습니다. 흔히 감자전분을 많이 사용합니다. 전분은 요리의 수분, 질감, 온도를 일정한 수준으로 유지해주며, 요리를 부드럽고 매끄럽고 바삭거리게 만들어줍니다. 탕수소스를 만들 때처럼 농도를 걸쭉하게 하거나 튀김옷을 입힐 때 사용해요. 완자를 만들 때 형태를 잡기 위해 활용하기도 합니다.

색다른 재료가 들어간 두부를 다양하게 이용

최근에는 일반 두부뿐 아니라 검은콩두부, 검은깨두부, 파프리카두부, 카레두부, 단호박두부 등 다양한 재료가 사용된 두부가 시중에 많이 나와 있습니다. 알록달록 다양한 두부찜 요리를 만들어보세요.

반찬 1 :
생후 15개월
~7세

호로록
면 먹는
재미

아기잡채

면역기능 강화, 피부개선

아기잡채는 어른용 잡채와 비슷하지만 아기가 쉽게 먹을 수 있도록
다양한 채소를 전처리한 다음 세심하게 조리해 완성하는 잡채입니다.
모든 재료를 살짝 데쳐서 무치는 조리법이 아니라,
다 같이 무르게 볶아 양념하면 아기잡채가 완성됩니다.
잡채에 들어가는 시금치는 섬유소는 물론 비타민, 칼슘, 철분, 엽산 등이
고르게 포함되어 있어서 아기에게 좋습니다. 또한 버섯은 피부에 수분을 공급해줍니다.

한우(슬라이스) 15g (약 1큰술),
당면 16g (약 2/5컵),
시금치 15g (약 1+1/3큰술),
당근 10g (약 2큰술),
양파 25g (약 1+2/3큰술),
목이버섯 약간,
느타리버섯 15g (약 3큰술)
☆ **기름** : 현미유 약간
☆ **양념** : 간장 2g (약 1/2작은술),
　황설탕 한꼬집,
　참깨가루 한꼬집,
　참기름 약간

당면 양념

간장 2g (약 1/2작은술),
참기름 2g (약 1/2작은술)

쇠고기 재우기

생파인애플 약간,
간장 2g (약 1/2작은술),
다진마늘 약간,
흰후춧가루 한꼬집,
참기름 2g (약 1/2작은술)

잠깐만요

첨가물 없는 고구마 전분 당면

당면을 짧게 자르지 않고 후루룩 빨아서 씹어 먹을 수 있도록 길게 해도 좋습니다. 단, 아기가 목에 걸리지 않고 잘 먹는지 반드시 옆에서 지켜봐야 합니다. 당면은 첨가물이 없는 100% 무명반 고구마전분 제품을 이용하는 것이 좋습니다. 첨가물 없는 고구마전분은 생협이나 초록마을에서 구입할 수 있습니다.

1 당면은 2cm 길이로 잘라 찬물에 30분 정도 불렸다가 끓는 물에 5~7분간 삶은 다음 간장, 참기름을 넣고 섞어둔다.

당면이 투명하고 부드러워질 때까지 삶으면 된다.

2 쇠고기는 찬물에 30분 정도 담가 핏물을 뺀 다음, 체에 걸러 물기를 제거하고 1cm 길이로 채 썰어서 양념에 재워둔다.

쇠고기를 재울 때 생파인애플을 넣으면 고기가 연해지고 맛도 좋아진다. 없으면 생략해도 무방하다.

3 시금치는 데쳐서 1cm로 자른다. 당근과 양파는 1cm로 채썬다. 목이버섯은 깨끗이 씻어 미지근한 물에 30분 정도 불린 다음 밑동을 제거하고 다진다. 느타리버섯은 1cm로 잘게 찢는다.

4 프라이팬에 현미유를 두르고 당근, 양파, 목이버섯, 느타리버섯, 쇠고기를 각각 중불에서 5분간 볶는다. 시금치는 살짝 볶는다.

따로 볶는 이유는 각각의 재료가 잡채가 완성될 때까지 고유의 맛과 향을 유지하도록 하기 위해서다.

5 볶은 재료들을 당면과 함께 섞고 간장, 황설탕, 참깨가루, 참기름으로 양념한다.

잠깐만요

시금치 맛나게 데치기

❶ 냄비에 물을 넉넉히 붓고 끓인다. 소금을 약간 넣는다.
❷ 데칠 때 설탕을 한꼬집 넣어주면 설탕이 수산을 중화시켜서 풋내를 없애준다.
❸ 물이 끓으면 시금치 밑동부터 넣고 10초 정도 데친다. 데치는 시간을 짧게 해야 영양분 손실을 막고 식감, 맛, 색이 유지된다.
❹ 바로 찬물에 헹군다.

목이버섯, 느타리버섯의 효능

목이버섯은 장의 연동운동을 촉진시켜줘 변비 예방에 좋으며, 비타민 D가 풍부해 칼슘 흡수를 도와주어 성장기 아이들에게 좋습니다. 느타리버섯은 혈액순환을 도와주어 산소공급이 잘되도록 하기 때문에 피로회복에 좋고, 뇌에 전달되는 산소량 증가로 인해 두뇌 활동도 촉진시켜줍니다.

연두부게살버섯찜

키 쑥쑥 성장식, 항산화작용, 암 예방

게는 고단백 저칼로리 식품으로 특히 류신, 아르기닌, 리신, 메티오닌 등의
필수아미노산이 풍부해 성장기 아이들에게 좋은 식재료입니다.
또한 지방 함량이 적어 맛이 담백하고, 흡수가 잘되는 칼슘, 비타민 D도 많으며,
항산화작용 등이 탁월해 키가 잘 자라게 도와주는 키 쑥쑥 재료입니다.

반찬 1 :
생후 15개월
~7세

밥에 쑥싹
비벼 먹기
최고!

게다리살 30g (약 3큰술),
팽이버섯 15g (약 3큰술),
새송이버섯 7g (약 1큰술 + 1작은술),
연두부 100g (약 1/2컵)

☆ 국물 : 다시마육수 50ml (약 1/4컵)

☆ 가루 : 감자전분 3g (약 1/5큰술)

☆ 기름 : 현미유 약간

☆ 양념 : 실파 약간,
　　　　참기름 약간,
　　　　소금 한꼬집

게살 재우기

청주 약간,
생강즙 약간,
다진마늘 약간,
다진양파 2g (약 1/2작은술),
흰후춧가루 한꼬집

1 게살은 깨끗이 손질한 다음 잘게 찢어서 분량의 양념에 재워둔다. 감자전분은 동량의 생수(찬물)에 담가둔다.

감자전분은 뜨거운 물에 넣으면 뭉치므로 찬물에 푼다.

2 팽이버섯은 밑동을 잘라낸 다음 1cm로 썬다. 새송이버섯은 0.8cm로 다진다. 연두부는 큼직큼직하게 부수면서 자른 다음 체에 받쳐서 물기를 뺀다.

연두부의 물기를 빼지 않고 조리하면 나중에 수분이 많아져서 맛이 없어진다.

3 냄비에 현미유를 두르고 게살과 새송이버섯을 넣고 중불에서 5분간 볶는다. 연두부와 팽이버섯을 넣고 다시마육수를 부은 다음 중불에서 10분간 끓인다.

다시마육수 만드는 법은 42쪽 참고.

4 소금으로 간을 맞추고 송송썬 실파와 참기름을 넣은 다음 감자전분 푼 물을 넣고 농도를 맞춘다. 약불에서 5분간 끓인다.

잠깐만요

게살은 꽃게, 대게 등 이용

게살은 꽃게, 대게 등을 삶은 다음(센불에서 크기에 따라 20~30분간) 게다리살만 따로 빼서 사용하거나, 시중에서 판매하는 게다리살을 구입하면 편리합니다. 그리고 껍질째 게를 삶은 물은 육수로 사용할 수 있습니다.

팽이버섯 대신 표고, 양송이버섯으로 대체 가능

이 레시피에서 새송이버섯, 팽이버섯 대신 표고버섯, 양송이버섯 등으로 대체해서 조리해도 무방합니다.

고소한 맛
일품

연근두유조림

코피 등 지혈 도움, 항암작용, 구토·설사 예방

연근은 코피가 자주 나는 아이에게 지혈작용을 해주고, 설사와 구토를 멎게 해주며, 심한 어혈이나 고혈압 예방,
그리고 과민성대장 증상이 있는 아이에게 도움이 되는 재료입니다. 또한 항암 성분인 폴리페놀을 함유하고 있으며 비타민C,
식이섬유, 무기질 등이 무척 풍부합니다. 연근에 포함되어 있는 끈끈한 성분(뮤신)은 단백질의 소화를 촉진시키고 위를 보호해주는
역할을 합니다. 연근의 아삭한 식감과 함께 두유의 고소한 맛이 어우러져 식감과 맛 모두 아이들 입맛을 사로잡는 메뉴입니다.

연근 50g (약 3+1/3큰술),
감자 70g (약 1/2컵),
양파 30g (약 2큰술),
브로콜리 5g (약 1작은술),
두유 20g (약 1큰술 + 1작은술)

☆ 양념 : 소금 한꼬집,
　　　 후춧가루 한꼬집

식촛물

생수 1000ml (약 5+1/2컵),
식초 10g (약 2작은술)

1 양파는 1cm로 나박썬다. 연근은 껍질을 벗긴 다음 1cm로 깍둑썬다. 감자는 손질해서 1cm로 깍둑썬다.

감자는 껍질을 벗긴 다음 찬물에 담가두면 갈변을 막을 수 있다. 연근과 감자 모두 채칼로 껍질을 벗기면 편리하다.

2 연근은 식촛물에 넣고 중불로 30분 이상 삶는다.

연근을 식촛물에 삶는 것은 갈변을 방지하고 아린맛을 제거하며 식감을 향상시키기 위해서다. 연근은 이미 식촛물에 삶았으므로 5번 단계에서 오래 끓일 필요가 없다.

3 브로콜리는 송이만 잘라내 끓는 물에 넣고 중불에서 10초 정도 살짝 데친다.

4 두유는 냄비에 넣고 약불로 5분 정도 끓여서 걸쭉한 소스로 만든다.

5 다른 냄비에 생수 200ml(약 1컵 + 1큰술)와 연근, 감자를 넣고 센불에서 10분간 끓인다. 양파를 넣고 중불에서 5분간 끓인다. 물을 따라내 버리고 두유소스를 부은 다음 소금과 후추로 간한다. 약불로 줄인 다음 브로콜리를 넣고 5분간 조린다. 밥 위에 올려서 덮밥처럼 먹거나 국, 밥, 김치와 함께 낸다.

잠깐만요

두유의 효능

두유는 뼈 건강에 좋아서 성장기 어린이들의 성장발육에 도움을 주고 골다공증을 예방해줍니다. 철과 칼슘이 풍부해 체내의 칼슘 흡수를 향상시키는 작용을 해서 뼈를 튼튼하게 하고 골밀도를 높여줍니다. 의외로 비타민과 단백질이 많이 들어 있어서 어린이 성장에 아주 좋은 식품입니다.

감자 대신 고구마나 호박으로 대체 가능

감자 대신 고구마나 호박도 동일한 방법으로 조리하면 맛있는 반찬을 만들 수 있습니다.

엄마는
다이어트,
아이는 변비
예방!

연근고구마조림

비타민 흡수 최고! 노폐물 배출, 피부개선

연근은 좋아하는 사람은 많지 않지만 영양적인 장점을 생각한다면 절대 빼놓을 수 없는 식재료입니다.
아기가 먹기 좋은 형태로 만들어 먹이면 훌륭한 건강 메뉴가 됩니다. 연근은 비타민C 함량이 레몬 1개와 비슷한 수준으로 많고,
단백질과 무기질, 식이섬유 역시 많아서 노폐물 배출과 깨끗한 피부를 유지하는 데 도움을 줍니다. 그래서 아이들에게 좋고,
어른들에게는 다이어트에 효과를 나타냅니다. 아이는 물론 다이어트를 하는 엄마에게도 딱 맞는 반찬이지요.

연근 50g (약 3큰술 + 1작은술),
고구마 85g (약 2/3컵)

식촛물
생수 1000ml (약 5+1/2컵),
식초 10g (약 2작은술)

양념장
다시마육수 100ml (약 1/2컵 + 1큰술),
간장 3g (약 1/5작은술),
올리고당 약간,
황설탕 한꼬집

1 연근은 껍질을 벗긴 다음 1cm로 깍둑썰어서 식촛물에 넣고 중불로 30분 이상 삶는다.

연근을 식촛물에 삶는 것은 갈변을 방지하고 아린맛을 제거하며 식감을 향상시키기 위해서다. 연근은 이미 식촛물에 삶았으므로 4번 단계에서 오래 끓일 필요가 없다.

2 고구마는 1cm로 깍둑썬다. 삶은 연근은 0.3cm로 잘게 다진다.

3 냄비에 간장, 올리고당, 황설탕을 넣고 다시마 육수를 부은 다음 약불에서 10분간 끓여 양념 장을 만든다.

고구마의 당도에 따라 황설탕과 올리고당의 양은 적절히 가감한다. 다시마육수 만드는 법은 42쪽 참고.

4 양념장에 연근을 넣고 센불에서 5분간 끓인다. 연근이 물러지면 고구마를 넣고 약불에서 10분 정도 말캉거리게 조린다. 밥 위에 얹어서 덮밥처럼 먹으면 좋다.

가족밥상활용법

연근은 비타민 C와 식이섬유가 많아 피부미용과 다이어트에 좋고, 고구마는 포만감을 준다. 다이어트 중인 엄마아빠라면 간장과 올리고당, 황설탕을 아예 빼거나 줄여서 요리해보자. 살도 안 찌고 건강한 음식을 만들 수 있다.

잠깐만요

식재료가 연근이면 우엉으로 대체 가능

연근 대신 우엉도 동일한 레시피로 만들면 됩니다. 우엉에 함유된 이눌린은 신장기능을 높여서 배뇨를 촉진시키고 노폐물을 제거해주어 다이어트에 좋습니다. 우엉의 리그닌이라는 불용성 식이섬유는 대장암을 예방해준다고 합니다. 우엉은 성질이 차고 화를 다스린다고 해요. 또한 인내심과 정신력을 키워줘서 수험생에게도 좋다네요. 최근 우엉을 말려서 볶은 다음에 이용하는 우엉차가 선풍적인 인기몰이를 하고 있습니다. 하지만 속이 차고 설사를 자주 하는 사람에게는 좋지 않다고 하니 주의하기 바랍니다.

말랑말랑
멸치, 칼슘
대왕!

잔멸치애호박볶음

뼈 강화, 두뇌개발, 치매 예방

아기가 먹기 좋은 크기의 잔멸치를 애호박과 함께 부드럽게 볶은 밑반찬입니다.
아기가 아직은 딱딱하게 조리한 멸치를 먹기 어려우므로 무르게 볶아서 매 끼니마다 조금씩 먹이면 칼슘 섭취 걱정이 없어요.
애호박은 씨에 레시틴이 있어서 치매 예방과 두뇌개발에 좋습니다.

애호박 125g (약 1컵 + 3큰술),
잔멸치 10g (약 3큰술),
홍피망 5g (약 2/3큰술),
양파 20g (약 1큰술 + 1작은술)

☆ 가루 : 소금 한꼬집

☆ 기름 : 현미유 약간

☆ 양념 : 간장 2g (약 1/2작은술),
다진마늘 약간,
참깨가루 한꼬집,
참기름 약간

1 애호박은 깨끗이 씻어서 1cm로 깍둑썰기한 다음 소금을 살짝 뿌려서 10분간 절인다. 물기가 올라오면 키친타월로 닦아낸다.

2 잔멸치는 잡티를 골라내고 찬물에 1시간 정도 담가 짠기를 뺀 다음, 건져서 체에 받쳐 물기를 뺀다. 160℃로 5분간 예열한 오븐에서 10분간 굽는다.

오븐이 없으면 마른 프라이팬에서 바짝 볶아도 된다.

3 양파와 홍피망은 1cm 길이로 채썬다. 빨간색이 예쁜 홍피망은 미리 살짝 끓는 물에 데쳐서 매운맛을 빼준다.

4 달군 프라이팬에 현미유를 두르고 간장과 다진마늘을 넣고 살짝 끓인다. 애호박과 양파를 넣고 중불에서 10분간 볶는다.

5 애호박이 말캉거리게 익으면 잔멸치를 넣고 섞으면서 약불에서 10분간 볶는다. 마지막으로 홍피망, 참깨가루, 참기름을 넣고 마무리한다.

반찬 하나만 만들었지만 플레이팅을 조금만 신경쓰면 사진처럼 다양하게 낼 수 있다. 아이가 좋아하는 건 당연! 아이를 위해 엄마의 창의력을 마음껏 펼쳐보자.

잘 알 만 요

멸치는 염분을 빼고 사용

바다에서 얻은 해산물을 이용할 때는 꼭 먼저 염분을 빼야 합니다. 멸치는 미리 물에 담가 짠기를 빼고 사용하세요. 그리고 멸치 모양이 부서지지 않고 또렷하게 살아 있게 하고 싶으면 채소와 따로 볶은 후 섞어서 내면 됩니다.

흰살생선데리야키조림

단백질 풍부, 씹는 훈련

어른들이 흰살생선에 데리야키소스를 발라가며 굽는 요리를 아기도 먹을 수 있도록 부드러운 조림으로
바꿔주었습니다. 어금니가 완전히 올라오지 않은 유아 초기에는 생선을 굽기보다는 국물을 넉넉히 부어 조리는
형태의 조리법이 적당합니다. 생후 7~8개월(중기 이유식)부터 먹는 흰살생선은 단백질이 풍부하고
지방질 함량이 낮아 아기가 먹기에 좋습니다.
여기에 버섯 등 채소를 추가해 영양 섭취는 물론 씹는 훈련을 유도할 수 있습니다.

해산물
싫어하는
아이도 OK!

흰살생선 65g (약 1/2컵),
양파 15g (약 1큰술),
당근 20g (약 2큰술),
새송이버섯 20g (약 2큰술),
☆ **가루 : 감자전분 5g** (약 1큰술)

흰살생선 재우기
청주 3g (약 1/5작술),
마늘즙 약간,
생강즙 약간

데리야키소스
다시마육수 120ml (약 2/3컵),
사과 5g (약 1작은술),
양파 10g (약 2작은술),
간장 약간,
올리고당 3g (약 1/5작술),
흑설탕 3g (약 1/5작술),
계피가루 한꼬집,
통후추 한꼬집

가족밥상활용법
어른용 데리야키소스는 3번
단계에서 국물이 1/3 정도가 될
때까지 더 졸인다. 짭조름하고
달콤한 데리야키소스를
삼치, 닭, 메로 등에 발라 구우면
맛있는 술안주가 된다.

1 흰살생선은 깨끗이 손질해 1cm 크기로 깍둑썰어 분량의 양념에 재워두었다가 조리 전에 끓는 물에 한 번 데친다. 감자전분은 동량의 생수(찬물)에 담가둔다.

어른용은 깍둑썰지 않고 그냥 해도 된다. 감자전분은 뜨거운 물에 넣으면 뭉치므로 찬물에 푼다.

2 양파, 당근, 새송이버섯은 1cm 크기로 깍둑썬다.

3 [데리야키소스] 냄비에 소스 재료를 모두 넣고 중불에서 10분간 끓이다가 약불에서 10분간 끓인 다음 체에 걸러 국물만 남긴다.

국물이 절반으로 줄어들 때까지 끓이면 된다.

4 프라이팬에 당근, 양파, 새송이버섯을 넣고 중불에서 10분간 볶는다.

5 당근이 다 익으면 흰살생선을 넣고 데리야키소스를 부은 다음, 감자전분 푼 물을 넣어 걸쭉하게 만든다. 생선이 부서지지 않도록 조심하면서 조린다.

밥 위에 얹어 덮밥처럼 먹는다. 어른용으로 졸인 큰 생선은 따로 내놓아 온 가족이 함께 먹는다. 아이는 엄마아빠와 같은 음식을 먹는 것만으로도 뿌듯해한다.

잘 알 아 만 요

소화흡수가 잘되는 흰살생선
흰살생선은 지방이 적고 살이 연해 소화흡수가 잘되는 식품으로, 아이가 아플 때 반찬으로 만들어주면 좋습니다. 흰살생선 재우기 양념은 비린내를 제거하기 위한 것이므로, 데치는 동안 씻겨나가도 상관없어요.

유아 후기(생후 24개월 이후)라면 바로 석쇠에 굽는 생선구이로
유아 후기 단계라면 다양한 생선(등푸른생선, 연어 등)을 이용해 응용할 수 있습니다. 석쇠나 오븐에 구워가며 데리야키소스를 발라주면 더욱 맛 좋은 생선구이가 됩니다.

해물파프리카볶음

반찬 1:
생후 15개월
~7세

참을성과 집중력 향상, 감정조절

여러 가지 해산물을 다양한 채소와 함께 볶은 메뉴로, 알록달록 색이 예쁜 파프리카가 일품입니다.
해산물을 다져서 조리하기 때문에 해물을 싫어하거나 잘 씹지 못하는 아기도 충분히 먹을 수 있습니다.
특히 오징어의 타우린 성분은 두뇌발달과 혈액순환을 도와줍니다. 또한 라이신, 트립토판 등 아미노산이 풍부하며
트립토판은 감정조절 역할도 해줍니다. 만약 아기가 참을성과 집중력이 부족하다면
해물, 갑각류, 해조류, 견과류 등을 많이 먹이면 좋습니다.

해물
싫어하는
아이, 눈 가리
고 아웅!

새우살 40g (약 2+2/3큰술),
오징어 50g (약 3+1/3큰술),
관자살 8g (약 1/2큰술),
무 30g (약 3큰술),
당근 10g (약 1큰술),
양파 35g (약 3+1/3큰술),
피망 18g (약 2+1/2큰술),
파프리카 10g (약 1+1/3큰술),
☆ 기름 : 현미유 약간
☆ 양념 : 간장 약간

해산물 재우기

청주 약간,
생강즙 약간,
다진마늘 약간,
흰후춧가루 한꼬집

1 새우살, 오징어, 관자살은 깨끗이 손질해서 0.8cm로 다진 다음 양념장에 재워둔다.

이 시기 아기는 아직 질긴 해산물을 씹어 삼킬 수 없으니 잘게 다져서 조리하자.

2 무는 1cm로 깍둑썬다. 당근, 양파는 1cm로 나박썬다. 피망과 파프리카는 1cm로 나박썬 다음 뜨거운 물에 살짝 데친다.

3 프라이팬에 현미유를 두르고 당근, 양파, 무를 넣고 중불에서 10분간 볶는다. 오징어, 새우살, 관자살을 넣고 약불에서 10분간 볶으면서 간장으로 양념한다.

4 마지막으로 피망과 파프리카를 넣는다.

잠깐만요

해산물 요리는 간을 약하게

이 레시피는 해산물이 많이 사용되는 메뉴라서 간을 많이 하지 않아도 맛있습니다. 이렇게 해산물 요리는 바닷물의 짠맛이 배어 있으므로 요리할 때 간을 약하게 하는 것이 좋습니다.

감정조절 힘든 아이한테 해물, 견과류가 좋아요

오징어의 트립토판 성분은 감정조절에 관여합니다. 만약 아기가 참을성과 집중력이 부족하다면 해물류, 갑각류, 해조류, 견과류 등을 많이 먹이면 좋습니다. 특히 견과류는 스트레스 호르몬을 억제해주며 비타민과 지방 성분을 공급해 긴장을 풀어줍니다. 아몬드의 비타민 E는 만성적인 스트레스로 인한 세포손상을 회복시키며, 호두의 비타민 B는 스트레스 억제 효과를 가지고 있습니다. 두뇌 중추신경계에도 좋은 해산물과 견과류, 스트레스에도 좋다니 꼭 먹여야겠네요.

전통 입맛
쑥쑥

채소된장구이

해독작용, 장운동 촉진

채소를 오븐에 구워 된장소스에 버무리는 반찬으로, 식물성 단백질이 풍부한 된장이 채소에 부족한 영양을 보충해줍니다.
전통 발효식품인 된장을 아이 때부터 접하게 해서 한식 식단에 습관을 들여가는 것이 좋아요. 된장은 발효식품으로
해독작용은 물론 장운동이 활발해지도록 도와줍니다. 단, 너무 짜지 않게 조리하세요.

고구마 40g (약 4큰술),
애호박 60g (약 1/2컵),
단호박 45g (약 4+1/2큰술),

된장소스
된장 3g (약 1/5큰술),
참깨가루 한꼬집,
참기름 약간,
현미유 약간

1 고구마, 애호박, 단호박은 1cm로 깍둑썰어 160℃로 5분간 예열한 오븐에서 35분간 굽는다. 수분이 생기면 빼준다.

오븐이 없으면 프라이팬에 앞뒤로 지지듯이 익힌다.

2 [된장소스] 된장은 믹서에 곱게 갈아서 참기름, 참깨가루, 현미유를 넣고 살짝 볶는다.

이 레시피는 1인 기준으로 맞춰서 재료가 소량이다. 조리시 금방 탈 수 있으니 주의한다.

3 잘 구워진 채소에 된장소스를 골고루 발라 버무린다.

가족밥상활용법

이 반찬은 어르신 입맛에도 잘 맞아서 시댁과 친정 어른들께 내도 손색이 없다. 채소를 좀더 크게 썰고 돼지고기나 닭고기 등에 된장소스를 발라 구우면 일품요리로 훌륭하다.

잠깐만요

된장소스 만들기

된장소스는 참기름, 참깨가루를 현미유와 함께 미리 볶어서 사용하면 한층 고소한 맛이 배가됩니다. 된장은 염분을 줄이기 위해 물을 1 : 1 비율로 넣고 믹서에 완전히 갈아서 사용합니다.

아이 입맛에 맞춰서 밥짓기

일반적으로 쌀밥은 쌀과 물을 1 : 1 비율로 짓습니다. 묵은쌀은 물의 양을 조금 더 늘리고요. 하지만 잡곡, 콩, 현미 등은 그것들을 어느 정도 섞는지에 따라 물의 양이 달라지긴 하지만, 기본적으로 쌀밥을 지을 때보다는 물을 넉넉히 잡아야 합니다. 일반적으로 곡류 : 물 = 1 : 1.5로 합니다. 특히 잡곡, 콩, 현미 같은 곡물은 흰쌀과 달리 입자가 거칠어서 아이들이 소화를 잘 못 시킵니다. 따라서 처음에는 쌀밥에 소량만 섞어서 짓다가 점차 양을 늘려가세요. 또한 잡곡, 콩, 현미는 밥짓기 30분이나 1시간 전에 미리 물에 담가 불려놓으면 부드러워져서 아이들이 먹기에 훨씬 좋습니다.

베베쿡
추천, 뜨는
식재료

한우렌틸콩토마토볶음

고단백, 면역력 증가, 소화장애 · 심장장애 · 뇌졸중 방지

기원전 6,000년경부터 경작해 먹었다고 알려진 렌틸콩은 생긴 모습이 카메라렌즈 같아서 렌즈콩이라고도 부릅니다.
맛이 고소하고 담백하며 단맛이 거의 없어서 우리나라의 녹두와 비슷합니다. 색은 여러 종류가 있지만
맛과 영양소는 거의 차이가 없습니다. 렌틸콩은 콩 중에서도 단백질이 풍부해 면역력 체계를 증가시키고
항암효과는 물론 노화방지에도 도움을 줍니다. 또한 엽산, 철분, 칼륨도 많이 들어 있으며,
바나나나 고구마보다 10배 이상 많은 식이섬유를 지니고 있어서 혈중 콜레스테롤 수치를 낮춰주어
심장질환, 뇌졸중을 예방하고 변비와 소화장애 방지에도 도움이 됩니다.

한우(슬라이스) 50g (약 3+1/3큰술),
렌틸콩 5g (약 1작은술),
토마토 80g (약 2/3컵),
양배추 30g (약 3큰술),
양파 30g (약 2컵),
브로콜리 5g (약 2/3큰술)
☆ 기름 : 현미유 약간
☆ 양념 : 황설탕 한꼬집,
　　　　소금 한꼬집

쇠고기 재우기

생파인애플 약간,
청주 약간,
생강즙 약간,
다진마늘 약간,
흰후춧가루 한꼬집

1 쇠고기는 1cm 크기로 나박썰어 찬물에 30분 정도 담가 핏물을 뺀 다음, 분량의 양념에 재워둔다.

쇠고기를 재울 때 생파인애플을 넣으면 고기가 연해지고 맛도 좋아진다. 없으면 생략해도 무방하다.

2 렌틸콩은 찬물에 담가 1시간 정도 불린 다음, 끓는 물에 넣고 센불에서 10분 정도 삶는다.

3 토마토는 꼭지 반대편에 열십자로 칼집을 낸 다음 끓는 물에 1분 정도 데쳐서 껍질을 벗긴다. 꼭지를 따고 1cm로 깍둑썬다.

토마토에서 나오는 즙은 버리지 말고 같이 사용한다.

4 양배추와 양파는 1cm로 납작썬다. 브로콜리는 송이를 잘라내 끓는 물에 10초 정도 살짝 데친다.

5 프라이팬에 현미유를 두르고 쇠고기, 양배추, 양파를 넣고 중불에서 10분간 볶는다. 거의 다 익었을 때쯤 토마토, 렌틸콩, 브로콜리를 넣고 5분간 볶는다. 국물이 졸아들면 황설탕과 소금으로 간한 다음 마무리한다.

잠깐만요

토마토는 데쳐야 영양흡수 상승

토마토의 껍질을 제거하지 않고 그대로 사용하면 질긴 껍질 때문에 식감이 좋지 않습니다. 토마토를 끓는 물에 데치면 껍질을 쉽게 벗길 수 있어요. 또한 토마토를 데치면 칼슘, 칼륨, 비타민 등의 영양소가 더욱 흡수가 잘됩니다.

렌틸콩의 효능과 조리법

렌틸콩은 색깔이 갖가지라 골라 먹는 재미가 있습니다. 하지만 오렌지색 렌틸콩이 다른 색보다 빨리 익고 식감이 흐물흐물해서 아이가 먹기에 좋습니다. 이 레시피는 토마토의 상큼한 맛과 렌틸콩이 어우러져 샐러드 같은 느낌을 주는 반찬이라 베베쿡에서도 인기가 아주 많습니다.

시금치달걀찜

채소
싫어하는
아이도 굿!

인지력 향상, 치매 예방, 빈혈 방지

시금치나 채소를 잘 안 먹는 아기를 위해 다양한 채소를 곱게 갈아서 달걀과 함께 쪄낸 반찬입니다.

달걀찜에 들어간 채소는 곱게 갈려 있고 달걀과 함께 무르게 조리되어 있어서 아기가 쉽게 채소를 먹을 수 있습니다.

시금치는 풍부한 섬유소를 함유하고 있어서 변비 예방에 좋고 빈혈과 탈모 예방에도 좋습니다.

또한 인지력 향상, 치매 예방에도 효과가 있습니다. 뽀빠이가 시금치 먹던 걸 생각해보세요. 그만큼 고영양식이랍니다.

시금치 10g (약 1큰술),
양파 5g (약 1/3큰술),
홍피망 3g (약 1/2큰술),
느타리버섯 5g (약 1+1/2큰술),
달걀 100g (2개, 약 1/2컵),
실파 2g (약 1/2작은술)
☆ 국물 : 다시마육수 100ml
　　(약 1/2컵 + 1큰술)
☆ 양념 : 청주 2g (약 1/2작은술),
　　마늘즙 약간,
　　소금 한꼬집,
　　후춧가루 한꼬집

1 시금치는 깨끗이 손질해 살짝 데쳐서 믹서로 곱게 간 다음 다시마육수와 섞는다.

달걀찜에 사용하는 다시마육수의 분량은 달걀과 동량이다. 다시마육수 만드는 법은 42쪽 참고.

2 양파, 홍피망, 느타리버섯은 0.4cm로 곱게 다진다.

3 시금치와 섞은 다시마육수에 달걀을 넣고 청주, 마늘즙, 소금, 후춧가루로 양념한 다음 골고루 푼다. 홍피망, 양파, 느타리버섯, 실파를 넣고 잘 섞는다.

달걀을 미리 체에 한 번 내리면 기포가 적고 부드러운 질감의 달걀찜이 된다.

4 찜기에 김이 오르면 내열그릇에 달걀물을 부어넣고 푹 찐다.

5 센불로 끓이다 끓기 시작하면 약불로 줄여서 약 20분간 찐다. 젓가락으로 중간 부위를 찔렀을 때 달걀물이 올라오지 않으면 잘 익은 것이다.

잠깐만요

시금치 믹서에 갈기

시금치는 섬유질이 비교적 강한 엽채류입니다. 믹서에 갈 때 섬유질이 잘 안 갈리고 실타래처럼 엉킬 수 있으니, 시금치 상태에 따라 굵은 줄기는 미리 손질한 후 사용하세요. 시금치가 잘 갈리지 않으면 생수를 조금 넣고 갈면 잘 갈립니다.

달걀 크기별 중량 구분하기

소란	43g 이하
중란	44~51g
대란	52~59g
특란	60~67g
왕란	68g 이상

무나물잣소스버무림

반찬 1:
생후 15개월
~7세

기관지 튼튼, 감기·심장병 예방

제철의 무는 맛이 달고 시원합니다. 영양적으로도 비타민 C의 함량이 높아 기침 예방이나
기관지 건강에 좋은 식재료입니다. 아기는 기침을 하더라도 어른처럼 쉽게 약을 먹일 수 없기 때문에
평소에 무를 이용한 반찬을 챙겨 먹이면 환절기 감기 예방에 좋은 효과를 볼 수 있습니다.
잣은 자양강장의 효과가 있으며 피를 맑게 해주고 혈중 콜레스테롤을 내려줘서 심장병 예방에 효과적입니다.

감기 예방
인기 음식

무 125g (약 1컵 + 3큰술)

☆ 기름 : 들기름 약간

☆ 양념 : 생강즙 약간,
　다진마늘 약간,
　실파 약간,
　소금 한꼬집

잣소스

다시마육수 30ml (약 2큰술),
잣 3g (약 1/3큰술),
거피들깨가루 3g (약 1/5큰술)

1 [잣소스] 잣은 손질한 다음 갈아서 거피들깨가
루와 함께 다시마육수에 넣어 잣소스를 만든다.

다시마육수 만드는 법은 42쪽 참고

2 무는 껍질을 벗겨 깨끗이 씻은 다음 1cm 길이
로 채썬다.

3 프라이팬에 들기름을 두르고 다진마늘을 넣어
약불에서 살짝 볶는다. 무를 넣고 생수를
75ml(약 5큰술) 첨가한 다음 뚜껑을 덮고 15분
정도 푹 무르게 삶듯이 볶다가 잣소스를 넣는다.

4 양념으로 생강즙을 살짝 뿌리고 소금으로 간
한 다음 약불에서 5분 더 볶는다. 송송썬 실파
를 뿌려 마무리한다.

생강즙을 직접 만들기 번거로우면 생협이나 마트에서 판매
하는 것을 이용한다.

가족밥상활용법

추운 계절이 제철인 무는 기관지를 튼튼하게
하고 감기를 이기게 해준다. 무나물은 비빔밥
재료로도 요긴하게 활용된다. 120쪽에서
소개하는 아기삼색나물을 참고해 다양한 나물과
함께 달걀프라이를 얹어 비빔밥을 준비해보자.
아이, 어른 모두 한 끼 식사로 훌륭하다.

잠깐!만요

무가 맵고 쓰면 황설탕 추가

무는 겨울이 제철입니다. 여름에는 무의 맛이
맵고 쓸 수 있습니다. 그럴 때는 양념으로 황
설탕이나 올리고당을 소량 첨가하세요.

하얀색이 나는 거피들깨가루

이 레시피에 쓰는 잣소스는 하얀색이 나야 하므로, 껍질이 있어서 검은색이 나는 들깨가루가 아니라 껍질을 벗긴
거피들깨가루를 사용합니다. 거피들깨가루는 들깨의 껍질을 벗겨내고 만든 가루라서 부드럽고 하얀색이 납니다.
아이들이 먹기에 훨씬 좋지요. 거피들깨가루는 한살림이나 생협, 또는 마트에서 구입할 수 있습니다.

콜록콜록
기침 예방

배추속대장과

천식 · 감기 예방, 대장암 예방, 골격 튼튼!

거친 배추의 겉대를 모두 제거하고 연한 속만 데쳐서 쇠고기와 함께 볶는 반찬입니다. 배추 특유의 단맛이 있어서
특별히 설탕을 첨가하지 않아도 고소하고 단맛이 납니다. 배추의 비타민 C는 열과 소금에 강해서 잘 파괴되지 않으며, 천식과 감기,
대장암 예방에 좋습니다. 함께 요리하는 쇠고기는 단백질, 철분, 아연이 풍부해서 골격과 치아를 튼튼하게 해줍니다.

다진 한우(우둔살) 25g (약 1+2/3큰술),
알배추 170g (약 2컵 + 2큰술),
실파 2g (약 1/2작은술),
양파 15g (약 1큰술)
☆ 국물 : 다시마육수 50ml (약 1/4컵)
☆ 기름 : 현미유 약간
☆ 양념 : 참기름 약간

쇠고기 재우기

간장 5g (약 1작은술),
생강즙 약간,
다진마늘 약간,
흰후춧가루 한꼬집

1 다진 쇠고기는 양념에 재워둔다.

고기를 재울 때 생파인애플을 넣으면 고기가 연해지고 맛도 좋아진다. 없으면 생략해도 무방하다.

2 배추속대는 손질해서 1cm로 나박썰어 끓는 물에 30초간 살짝 데친다.

배추속대는 데친 다음 재빨리 찬물에 행궈야 부드럽고 씹는 질감이 살아 있다.

3 실파는 0.5cm로 썬다. 양파는 1cm로 채썬다.

4 프라이팬에 현미유를 두르고 쇠고기, 양파를 넣고 중불에서 5분간 볶는다. 다시마육수를 부은 다음 배추속대를 넣고 중불에서 10분간 끓인다. 약불로 줄이고 실파를 넣은 다음, 참기름을 넣어 마무리한다.

다시마육수 만드는 법은 42쪽 참고.

잠깐만요

아이 입맛에 딱 맞는 배추속대

배추속대는 배춧잎 안에 중앙 부분에서 올라오는 잎으로, 빛깔이 노릇노릇하고 맛이 고소해서 아이가 먹기에 좋습니다. 배추속대를 이용해서 다양한 국과 반찬 요리를 만들 수 있습니다.

배추속대 대신 얼갈이배추 활용 OK!

배추속대 대신 어린 얼갈이배추를 사용하거나, 간장 대신 된장을 풀어 볶으면 색다른 배추나물이 됩니다.

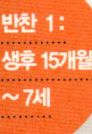

고단백
완전
영양식

느타리두부볶음

골격형성, 피로회복, 면역력 향상, 학습효과 상승

두부에는 칼슘과 단백질이 풍부하게 함유되어 있어 뼈를 튼튼하게 해주고 뼈조직을 생성하는 데 도움을 주어
성장기 어린이들의 성장발육에 참 좋은 식품 중 하나로 꼽힙니다. 두부에 함유된 이소플라본은 뇌혈관을 깨끗이 해주는
효능을 가지고 있어 뇌를 건강하게 지켜주며, 기억력과 집중력 향상에도 많은 도움을 줍니다.

두부 65g (4+1/3큰술),
시금치 10g (1큰술),
양파 20g (1+1/3큰술),
느타리버섯 35g (5큰술)

☆ 기름 : 현미유 약간

☆ 양념 : 간장 2g (약 1/2작은술),
　　　　다진마늘 약간,
　　　　참깨가루 한꼬집,
　　　　참기름 약간

1 두부는 알갱이가 약간 느껴질 정도로 칼등으로 으깬 다음 면보에 넣어 물기를 짠다.

2 시금치는 깨끗이 손질해 1.5cm 크기로 나박썰어 끓는 물에 넣고 중불에서 30초 정도 데친다. 양파와 느타리버섯은 깨끗이 손질해 1.5cm로 채썬다.

시금치는 데친 다음 곧바로 찬물에 헹군다.

3 팬에 현미유를 두르고 양파와 느타리버섯을 넣고 중불에서 5분간 볶는다.

4 두부와 시금치를 넣고 분량의 양념으로 양념한 다음 중불에서 10분 정도 볶는다.

잠깐만요

두부 고르는 법

요즘 시중에 판매되는 두부는 수입산 콩으로 만든 것이 많습니다. 수입산 콩으로 만든 두부는 유전자 조작한 대두를 사용하지 않았다는 것을 강조하기 위해 유기농만을 크게 내세우는 경우가 있으니 고를 때 국내산 콩인지 꼭 확인해야 합니다. 또한 두부 표면이 매끄럽고 부서지지 않고 원형 그대로를 간직한 것으로, 담가둔 간수가 깨끗하고 쉰내가 나지 않는 것, 냉장보관되어 있으며 유통기한이 많이 남아 있는 것을 고르는 것이 좋습니다.

오징어볼채소조림

반찬 1 :
생후 15개월
~ 7세

두뇌발달, 피로회복, 세포 활성화

오징어에는 타우린 성분이 쇠고기의 1.5배, 우유의 50배가 넘게 들어 있어서 피로회복에 매우 뛰어납니다. 인슐린 분비를 촉진시켜서 당뇨 예방에도 뛰어난 효능을 가지고 있습니다. 특히 오징어는 EPS, DHA 같은 성분이 들어 있어서 두뇌의 기능을 증진시키고, 불포화지방산이 함유되어 있기 때문에 기억력 감퇴를 예방해주는 효능이 있습니다. 오징어 먹물에 들어 있는 핵산 성분은 인체의 세포를 활성화시키는 데 도움을 주고 노화를 방지합니다.

씹는 재미가 있어요

오징어 30g (약 2큰술),
아몬드(슬라이스) 2g (약 1/2작은술),
양송이버섯 10g (약 1+1/2큰술),
당근 10g (약 1큰술),
양파 10g (약 2/3큰술)
☆ 기름 : 현미유 약간
☆ 양념 : 토마토케첩 12g (약 5/4큰술),
토마토페이스트 5g (약 1/3큰술)

오징어 완자

달걀(전란) 10g (약 2/3큰술),
다진마늘 약간,
빵가루 3g (약 1/5큰술),
소금 한꼬집,
흰후춧가루 한꼬집

잠깐만요

토마토페이스트 만들기

토마토페이스트는 시판 제품을 써도 되지만, 토마토가 제철인 여름에 많이 사서 만들어놓으면 유용하게 쓸 수 있습니다.

재료: 토마토 2개, 양파 1/4개, 소금 8g(약 1/2큰술), 다진마늘 8g(약 1/2큰술), 올리브유 15g(약 1큰술), 설탕 8g(약 1/2큰술), 월계수잎 1장

❶ 토마토는 꼭지 반대편에 열십자로 칼집을 낸 후 데쳐서 껍질을 벗기고 굵게 다진다.
❷ 양파는 채썬다.
❸ 달군 팬에 올리브유를 두르고 다진마늘, 양파를 볶는다.
❹ 토마토, 설탕, 소금, 월계수잎을 넣고 끓인다. 약불에서 저어가며 되직해질 때까지 조린다.

1 오징어는 잘 손질한 다음 0.5cm로 다진다.

오징어나 낙지처럼 질긴 질감의 해산물은 아기의 어금니가 완전히 올라오는 생후 24개월까지는 0.5cm 이하 크기로 잘 다져서 조리해야 한다. 다리는 사용하지 말고 몸통도 껍질을 벗기고 사용한다.

2 아몬드는 0.5~1cm 크기로 자른다. 양송이버섯, 당근은 깨끗이 손질한 다음 1cm 크기로 얇게 나박썬다. 양파는 분량의 1/3은 곱게 다져서 프라이팬에 볶고, 나머지 2/3는 1cm 크기로 나박썬다.

아몬드는 크기가 작은 것은 그대로 사용하고 큰 것은 한 번 자른다. 너무 잘게 다지면 지저분해 보인다.

3 오징어와 볶은 양파에 완자용 재료를 넣어 반죽한 다음, 지름 1cm의 완자를 빚는다.

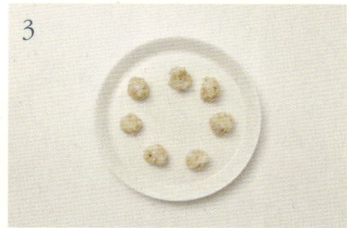

4 완자를 끓는 물에 넣고 센불에서 10분간 데친다.

5 프라이팬에 현미유를 두르고 당근, 양송이버섯, 나박썬 양파를 넣고 중불에서 10분간 볶는다. 어느 정도 익으면 토마토케첩, 토마토페이스트를 넣어 양념한다.

6 오징어 완자와 아몬드를 넣고 고루 저어가면서 약불에서 5분간 끓인다.

가족밥상활용법

어른들 입맛에 맞게 고추장을 추가해서 따로 양념한 다음 조리해도 좋다.

들깨소스시금치나물

피부미용, 항산화작용, 학습능력 향상

철분, 엽산, 비타민 C가 풍부해 철결핍성빈혈에 효과적이고, 비타민 A가 풍부해 눈 건강에도 도움을 주는 시금치는
엽채류 중 영양이 단연 으뜸인 채소라고 할 수 있습니다. 들깨가루는 오메가 3가 풍부해 혈관에 쌓인 콜레스테롤을 제거하거나
예방하는 효능이 있어 심장질환, 뇌혈관질환을 예방합니다. 또한 비타민 E, F가 들어 있어 기미와 주근깨를 개선해주며,
항산화작용을 하는 물질이 들어 있어서 노화방지 효과가 있습니다. 뇌신경을 활발하게 만들어 학습능력을 높여주기도 합니다.

고소한
나물 반찬

데친 시금치 160g (약 1컵),
실파 2g (약 1/작은술)

들깨소스
생수 15ml (약 1큰술),
다진마늘 2g (약 1/2작은술),
거피들깨가루 5g (약 1작은술),
황설탕 2g (약 1/2작은술),
소금 한꼬집,
들기름 약간

1 시금치는 데친 다음 건져내 물기를 꼭 짜고 1cm 길이로 송송썬다.

시금치 데치는 법은 63쪽 참고

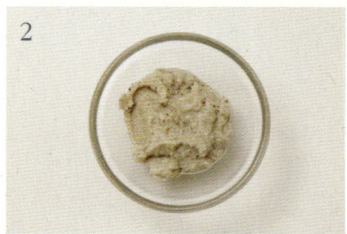

2 [들깨소스] 분량의 재료를 섞어 들깨소스를 만든다.

나중에 시금치 때문에 싱거워지므로 조금 간이 짜다 싶게 만든다. 이 레시피는 1인 기준으로 맞춰서 재료가 소량이다. 조리시 금방 탈 수 있으니 주의한다.

3 들깨소스에 데쳐둔 시금치를 넣은 다음 프라이팬에서 한 번 볶는다.

4 송송썬 실파를 올려 마무리한다.

가족밥상활용법

120쪽에서 소개하는 아기삼색나물을 참고해 다양한 나물과 함께 달걀프라이를 얹어 비빔밥을 준비해보자. 온 가족 한그릇 밥상으로 제격이다.

잠깐만요

섬유질이 강한 시금치 조리법

시금치는 섬유질이 다소 강한 채소입니다. 살짝 데쳐서 다지듯이 썬 다음에 조리해야 아기가 목에 걸리지 않고 잘 씹어 삼킬 수 있습니다. 이미 일반 나물이나 생채소를 잘 씹어 먹는 아기라면 데친 시금치에 들깨소스를 살살 버무려 그대로 주면 됩니다. 이 레시피에서 시금치 대신 아욱이나 근대, 청경채를 이용해도 됩니다.

아욱은 풋내 제거 필수!

만약 이 레시피에 아욱을 활용한다면 데치기 전 풋내부터 빼주는 것이 좋습니다. 줄기가 아주 억센 것은 버리고 줄기의 껍질을 벗긴 다음, 물을 담은 그릇에서 파란 물이 나오도록 주물러 치대면서 찬물에 두세 번 헹구면 풋내를 뺄 수 있습니다. 아욱은 채소 중 영양소 왕이라고 할 수 있습니다. 시금치보다 단백질은 2배, 지방은 3배, 칼슘은 2배 많으니, 조금 생소하더라도 아이 반찬이나 국에 많이 활용해보세요.

머리가
똑똑해지는
반찬

흰살생선달걀말이

저지방, 고단백, 학습능력 증진

담백한 흰살생선살을 달걀 지단에 말아 찐 어묵 반찬으로, 김밥 속처럼 다양한 채소를 생선살 속에 넣어 말아주는 메뉴입니다.
유아 후기에는 등푸른생선살을 뼈째 그대로 갈아서 비슷한 레시피로 조리해주면
오메가3와 칼슘의 흡수를 돕는 영양 반찬이 됩니다.

흰살생선 100g (약 2/3컵),
청피망 10g (약 1+1/2큰술),
홍피망 10g (약 1+1/2큰술),
노랑파프리카 10g (약 1+1/2큰술),
달걀 100g (2개, 약 1/2컵)

☆ 가루 : 감자전분 한꼬집
☆ 기름 : 현미유 약간
☆ 양념 : 소금 한꼬집,
　　　　후춧가루 한꼬집

흰살생선 밑간

소금 한꼬집,
흰후춧가루 한꼬집

1 흰살생선은 가시를 발라내고 다진 다음 소금, 흰후춧가루로 밑간을 한다.

흰살생선은 다지기 전이나 후에 손으로 세심하게 만져서 가시를 잘 골라내야 한다.

2 청피망, 홍피망, 노랑파프리카는 속을 털어내고 0.3cm로 채썬 다음 살짝 볶는다.

3 달걀은 소금, 후춧가루를 넣고 고루 저은 다음 체에 한 번 내린다. 프라이팬에 현미유를 두르고 약불에서 얇게 지단을 부친다.

4 김발 위에 지단을 놓고 감자전분을 얇게 펴바른다. 그 위에 흰살생선살을 펴서 올린다. 1/3 지점에 청피망, 홍피망, 파프리카를 놓고 돌돌 말아서 베보자기에 싼 다음, 김이 오른 찜기에 넣고 중불로 15분간 찐다.

베보자기가 없으면 말아놓은 부분이 아래로 가도록 놓고 그냥 찐다.

5 한 김 식으면 1cm 두께로 썬다.

감자전분을 지단에 바르면 김밥처럼 돌돌

달걀 지단은 김처럼 질기지 않으므로 조심해서 재료를 올리고 말아야 합니다. 지단에 흰살생선살이 잘 붙도록 해주는 감자전분은 체에 담아 지단 위에 뿌려야 뭉치지 않고 고르게 바를 수 있습니다. 안에 들어가는 채소 대신 실파나 계살, 과일 등 아기가 좋아하는 재료라면 무엇이든 대체해도 상관 없어요.

섭산적

빈혈 예방, 성장발육 촉진

전통적인 방식으로 석쇠에 굽는 고기 반찬입니다. 가정에서는 오븐을 이용해 조리하면 편리합니다.
간장소스나 된장소스 등을 발라 두 번 구우면 부드러우며, 소스의 깊은 맛이 다진 고기 사이에 스며들어
아이들에게 인기가 많은 메뉴 중 하나입니다.

베베쿡
인기 메뉴

다진 한우(우둔살) 90g (약 6큰술),
두부 100g (약 1/2컵),
잣 3g (약 1/3큰술)
☆ 기름 : 식용유 약간

쇠고기, 두부 양념
다진마늘 2g (약 1/2작은술),
다진파 2g (약 1/2작은술),
소금 한꼬집,
참깨가루 한꼬집,
흰후춧가루 한꼬집

간장소스
간장 3g (약 1/5작은술),
올리고당 3g (약 1/5큰술),
참기름 약간

1 쇠고기는 힘줄을 제거한 다음 칼날로 한 번 더 곱게 다진다. 두부는 물기를 짠 다음 알갱이가 없도록 칼 옆면으로 곱게 으깬다.

정육점에서 다진 쇠고기를 구입했더라도 입자가 크므로 한 번 더 잘게 다져줘야 나중에 구웠을 때 갈라지지 않는다.

2 쇠고기와 두부를 섞은 다음 분량의 양념을 넣고 충분히 치댄다. 반죽을 1.5cm 두께로 편평하게 편 다음 아이가 좋아하는 모양으로 빚는다. 반죽 위에 잔칼집을 약간 넣는다.

3 오븐용 팬에 식용유를 고루 펴바른 다음 반죽을 올린다. 160℃로 20분간 예열한 오븐에 반죽을 넣고 1차로 15분간 굽는다.

4 간장과 올리고당을 1:1 비율로 넣고 참기름을 소량 섞어 간장소스를 만든다. 조리용 붓으로 간장소스를 빠짐없이 고르게 바른 다음, 2차로 온도를 150℃로 낮춰서 10분간 굽는다.

가족밥상활용법

2번 단계에서 아이를 비롯해 가족이 모두 참여해 모양을 빚고 만드는 시간을 가져보자. 특히 편식하는 아이는 직접 음식을 만들면 흥미를 보이며 잘 먹게 된다. 주방에 익숙하지 않은 아빠의 참여도 유도하자.

5 마지막으로 잣을 다져서 솔솔 뿌린다.

 잠깐만요

오븐이 없으면 석쇠나 프라이팬 사용
1차로 구운 섭산적은 두부에서 나온 국물이 많습니다. 국물을 따라내고 조림장을 발라서 한 번 더 구워야 타지 않고, 국물에 조림장이 씻겨 나가지 않아 간이 알맞게 됩니다. 만약 오븐이 없으면 석쇠에 기름코팅을 하고 달군 다음 섭산적을 올리고 약불에서 앞뒤로 번갈아가며 구우면 됩니다. 혹은 프라이팬에 기름 두르고 구우면 됩니다.

생후 25개월~7세

반찬
2

둘째
마당

한우메추리알장조림

반찬 2 :
생후 25개월
~7세

지방간 예방, 면역력 증진, 시력 보호

레시피에 나오는 분량대로 간장을 넣으면 짜지 않으면서도 맛있게 간이 밴 장조림이 완성됩니다.
장조림에 단골로 사용하는 메추리알은 머리카락과 두피 건강에 필요한 단백질, 비타민 A, B2, E까지
고르게 들어 있는 식재료입니다. 쫄깃한 쇠고기하고도 잘 어울리고 영양적으로도 훌륭한 아기 반찬입니다.

밥도둑
반찬

한우(우둔살) 60g (약 4큰술),
메추리알 60g (약 6알),
무 20g (약 2큰술),
실파 약간,
참기름 약간

메추리알 간장물

물 200ml (약 1컵 + 1큰술),
간장 15g (약 1큰술)

양념장

생수 150ml (약 4/5컵),
생파인애플 약간,
고추 약간,
생강 약간,
통후추 약간,
청주 약간,
간장 4.5g (약 1작은술),
올리고당 8g (약 1/2큰술),
다진마늘 2g (약 1/2작은술)

1 쇠고기는 중불로 10분간 삶은 다음, 물을 버리고 다시 물을 받아 중불로 10분간 삶아서 2cm 길이로 찢는다.

쇠고기는 두 번 삶아야 조리 후에도 부유물이 뜨지 않고 깔끔하다. 그리고 얇게 찢어야 아기가 잘 씹을 수 있다. 장조림으로는 우둔살도 좋지만 홍두깨살이나 사태살처럼 근육이 발달한 부위가 기름기가 없고 쫄깃해서 좋다. 쇠고기 대신 닭 가슴살로 대체해도 된다.

2 메추리알은 삶은 다음 껍질을 벗기고, 따로 간장물에 넣어 중불로 10분간 끓여서 색을 들인다.

메추리알이 없으면 달걀로 대체할 수 있다.

3 무는 껍질을 벗기고 1.5cm 두께로 깍둑썬다.

무가 맵거나 쓴맛이 나면 끓는 물에 한 번 데친다. 무는 밤사이 영양분을 저장하는데, 여름에는 밤이 짧아서 영양분을 많이 저장하지 못해 여름 무는 쓰고 맛이 없다. 여름에는 무 대신 감자로 대체할 수 있다.

4 냄비에 쇠고기, 무를 넣고 잘 섞은 다음 중불에서 조리면서 미리 준비한 양념장을 붓는다. 국물이 반으로 줄면 메추리알을 넣고 약불에서 5분간 조린다.

5 송송썬 실파, 참기름을 넣고 마무리한다.

가족밥상활용법

어른들 용으로는 청양고추와 기호에 따라 간장을 더 추가해 조리면 칼칼한 장조림을 만들 수 있다.

잠깐만요

달걀, 메추리알 맛있게 삶기

소금, 식초를 5ml(약 1작은술)씩 넣고 물은 알이 잠길 정도로 부은 다음 끓입니다. 끓이면서 알을 굴려주면 노른자가 중앙에 자리잡게 됩니다. 끓는 물에 넣는 소금은 나중에 껍질이 잘 까지도록 해주고, 식초는 삶다가 깨졌을 때 내용물이 나오면 응고시켜서 형태를 유지하도록 해줍니다. 끓인 후 바로 찬물에 담가 식혀주면 쉽게 껍질을 깔 수 있습니다.

메추리알 조리는 요령

메추리알은 중불에서 뭉근히 조립니다. 센불로 팔팔 끓이면 흰자에 금이 가면서 깨져요. 깨진 메추리알의 노른자가 국물에 풀리면 탁하고 지저분해지므로, 중불 이하로 뭉근하게 조린 다음 마지막에 본 요리에 섞고 살짝 조립니다.

담백한
장조림
반찬

돼지고기장조림

피부미용, DHA 함유, 피로회복

쇠고기의 10배가 넘는 비타민 B1을 지닌 돼지고기는 탄수화물의 대사를 촉진시킬
뿐 아니라 피부를 윤기나게 하는 식재료입니다. 한창 자라는 아기에게 풍부
한 단백질을 공급할 뿐만 아니라 머리가 좋아지는 DHA까지 함께 섭
취할 수 있어서 여러 효능을 가진 반찬입니다. 돼지고기는 기름
기가 적은 부위로 사용하고, 충분히 삶아 기름기를 제거
한 후 조리해야 담백한 장조림이 완성됩니다.

돼지고기(등심) 160g (약 1컵 + 1큰술)

☆ 양념 : 간장 5g (약 1작은술),
　　황설탕 한꼬집,
　　올리고당 약간,
　　참기름 약간

돼지고기 삶기
양파 20g (약 1큰술 + 1작은술),
월계수잎 1장

돼지고기 재우기
생파인애플 2g (약 1/2작은술),
청주 약간

망에 넣어 같이 조리는 양념
생강 2g (약 1/2작은술),
양파 15g (약 1큰술),
통마늘 3g (약 1/5큰술),
통후추 약간

1 돼지고기는 찬물에 30분 정도 담가 핏물을 뺀 다음, 양파와 월계수잎을 넣고 중불에서 20분 간 삶는다.

장조림용 돼지고기는 기름기가 적은 등심, 안심, 뒷다리살이 적당하다.

2 삶은 돼지고기는 1.5cm 길이로 찢는다. 찢은 돼지고기는 생파인애플과 청주를 버무려 재워 둔다.

돼지고기는 미리 삶아 찢어서 양념한 다음 조리는 것이 국물 이 깔끔하다. 돼지고기는 쇠고기보다 부드러우므로 1.5cm로 깍둑썰어 장조림해도 씹는 질감이 살아 있어서 좋다.

3 마늘은 통마늘을 사용한다. 양파는 2cm 길이 로 썬다. 생강은 껍질을 벗겨 얇게 저민다.

4 냄비에 생수 180ml(약 1컵)와 간장을 넣고 끓 인다. 물이 끓으면 돼지고기를 넣고 약불에서 30분간 조린다. 이때 생강, 양파, 통마늘, 통후 추도 망에 넣어 같이 조린다.

망이 없으면 같이 넣어 조린 다음 체로 걸러도 된다.

5 국물이 반으로 줄면 황설탕, 올리고당을 넣고 10분간 조리다가 참기름을 넣고 마무리한다.

참기름을 미리 넣으면 고기에 코팅이 되어 양념이 고기 속으 로 제대로 흡수되지 못하므로, 참기름은 조리 맨 마지막에 넣 는다.

잠깐만요

장조림에 버섯, 당근, 사과 추가 OK!
레시피대로 돼지고기를 조리한 다음 데리야키소스를 넣어 조리면 맛있는 장조림이 됩니다. 특히 과일을 추가하면 아이들이 좋아하니까 다양하게 활용해보세요.

데리야키소스 재료 : 다시마육수 200ml(약 1+1/3컵), 사과 50g(약 1/4쪽), 양파 50g(약 1/2쪽), 대파 흰 부분 80g(약 10cm), 마늘 20g(약 1+1/3큰술), 생강 10g(약 2작은술), 간장 100ml(약 2/3컵), 설탕 70g(약 4+2/3큰술)

반찬 2 :
생후 25개월
~ 7세

아기간장찜닭

신경계 안정, 항암작용, 체중조절

닭가슴살은 다른 부위에 비해 단백질이 풍부해 성장기 아기들에게 좋은 식재료입니다. 아기간장찜닭은 어른들이 즐겨 먹는 찜닭의 아기 버전입니다. 닭가슴살과 다양한 채소를 간장에 조렸으며, 대추를 첨가해 은은한 단맛이 감도는 메뉴입니다.

달달한 반찬으로 굿!

닭가슴살 80g (약 1/3컵),
마른대추 3g (약 1/5큰술),
감자 40g (약 4큰술),
당근 15g (약 1큰술 + 1작은술),
양파 25g (약 1+2/3큰술),
당면 2g (약 1/2은술)
☆ 양념 : 실파 3g (약 1/5큰술),
　　　참기름 약간

닭가슴살 재우기
생강 약간,
청주 2g (약 1/2작은술),
마늘즙 약간,
후춧가루 한꼬집

조림양념장
간장 3g (약 1/5큰술),
아가베시럽 약간,
생강즙 약간,
다진마늘 약간,
흰후춧가루 한꼬집

1 닭가슴살은 2cm 크기로 썰어 양념에 재워두었
다가, 끓는 물에 넣고 중불로 10분간 데친다.

닭고기를 조리 전에 한 번 데쳐야 부유물 없이 깔끔한 국물
이 완성된다. 양념에 재워두는 것은 닭고기의 비린내를 제거
하기 위한 것이므로, 데치는 동안 양념이 씻겨나가는 것은 걱
정하지 않아도 된다.

2 마른대추는 돌려깎아서 씨를 제거한 다음 1cm
길이로 채썬다. 감자는 2cm로 깍둑썬다. 당근
은 2cm로 나박썬다. 실파는 0.5cm 길이로 썬
다. 양파는 2cm 크기로 썬다.

3 당면은 4cm 길이로 잘라서 미지근한 물에 넣
고 10분간 불린다.

4 냄비에 생수 120ml(약 2/3컵)를 붓고 닭가슴살
과 감자, 당근, 양파, 당면을 넣는다. 분량의
조림양념장을 넣고 중불로 15분간 조린다.

5 거의 조려지면 대추를 넣고 약불로 5분 정도
살짝 익힌 다음, 실파와 참기름을 넣고 마무리
한다.

대추는 조리 마지막에 넣고 살짝 익혀야 부서지지 않고 깔끔
하다.

가족밥상활용법

간장과 마른고추를 추가해 맵고
칼칼한 찜닭으로 만들면
어른들도 맛있게 먹을 수 있다.

생강즙 만들기

생강즙은 생협이나 마트 등에서 구입할 수 있습니다. 생강즙을 직접 만들려면 생강과 물을 1 : 1 비율로 넣고 믹서에 간 다음 면보에 거르면 됩니
다. 한꺼번에 많이 만들어서 얼음틀에 냉동해 보관해놓고 쓰면 편리합니다.

기침 뚝!
감기 예방

반찬 2 :
생후 25개월
~7세

쇠고기연근완자조림

피로회복, 기침 완화, 지혈효과

연근은 아이들이 좋아하지 않는 식재료이지만 비타민 C의 함량이 높아 피로회복과 기침 완화에 도움을 줍니다.
특유의 사각거리는 질감을 없애기 위해서 간 쇠고기와 연근을 넣고 완자로 빚어 간장에 조린 반찬으로,
거부감 없이 연근을 섭취하게 할 수 있습니다. 또한 연근은 지혈효과가 좋아 코피가 자주 나는 아이에게도 좋아요.

다진 쇠고기 60g (약 4큰술),
연근 30g (약 2큰술),
양파 10g (약 2/3큰술),
마늘즙 약간

☆ 양념 : 현미유 약간,
　　　간장 4g (약 4/5작은술),
　　　올리고당 3g (약 1/5큰술)

1 연근은 1cm 크기로 썰어 중불에서 30분간 푹 삶은 다음, 체에 받쳐서 물기를 빼고 0.3cm 크기로 다진다. 양파는 0.3cm 크기로 다진다.

연근을 삶을 때 식초를 조금 넣으면 떫은맛을 제거하고 변색을 막을 수 있다.

2 다진 쇠고기와 연근, 양파를 마늘즙으로 양념한 다음 잘 치대어 반죽한다. 잘 뭉쳐지지 않으면 감자전분을 약간 넣는다.

마늘즙은 마늘과 물을 1:1 비율로 넣고 믹서에 간 뒤 면보에 거르면 된다. 마늘을 아주 곱게 다져서 사용해도 무방하다.

3 치댄 반죽은 2cm 직경으로 동그랗게 완자를 빚어서 끓는 물에 넣고 약불에서 5분간 살짝 데친다.

완자는 간장 양념에 조리기 전에 미리 한 번 끓는 물에 데치거나 기름에 튀기면 부서지지 않고 깔끔하다.

4 프라이팬에 현미유, 간장, 올리고당을 넣고 약불에서 10분간 끓인 다음 완자를 넣고 굴려가면서 조린다.

가족밥상활용법

완자나 만두를 만들 때는 가족의 참여를 독려하자. 자신이 조리에 참여한 음식은 누구든 잘 먹게 마련이다. 다음 쪽의 찹쌀경단탕수도 가족이 둘러앉아 함께 만들 수 있는 요리다.

잠깐만요

완자에 두부나 우엉을 넣어도 OK!

채소는 아이들이 싫어하는 경우가 많아 아이에게 채소를 먹이기가 쉽지 않습니다. 이럴 때는 안 먹는 채소를 다져서 잘 보이지 않게 완자 형태로 만들거나, 밥과 함께 버무려 미니 주먹밥이나 핑거푸드 형태로 만들어서 주면 좀더 쉽게 채소를 먹일 수 있습니다. 이 레시피에서 연근을 두부나 우엉으로 대체해도 좋아요.

찹쌀경단탕수

소화기능 강화, 원기회복

반찬 2 :
생후 25개월
~ 7세

돼지고기가 아니라 쫀득한 찹쌀 경단을 삶아서 탕수소스에 곁들인
반찬입니다. 찹쌀은 멥쌀보다 찰져서 소화기능이 약한 사람이 먹으면
소화가 잘되는 식품입니다. 찹쌀을 작은 경단으로 빚어 삶아내
새콤달콤한 탕수소스를 끼얹으면 기름에 튀기지 않아 건강에도 좋은 메뉴가 완성됩니다.

색다른
탕수 요리

찹쌀가루 50g (약 3큰술 + 1작은술),
딸기가루 3g (약 1/5큰술),
단호박가루 3g (약 1/5큰술),
사과 5g (약 1작은술),
파인애플 10g (약 2/3큰술),
양송이버섯 20g (약 3큰술),
팽이버섯 20g (약 4큰술),
완두콩 10g (약 2/3큰술)

탕수소스
생수 70ml (약 2/3컵 + 2작은술),
식초 2g (약 1/2작은술),
간장 2g (약 1/2작은술),
황설탕 2g (약 1/2작은술),
감자전분 한꼬집,
소금 한꼬집

찹쌀가루 익반죽 하기

익반죽은 찬물이 아니라 뜨거운 물을 부어 반죽하는 것을 말합니다. 뜨거운 물을 넣고 손으로 살살 반죽하고, 오래 치댈수록 쫀득해집니다. 찹쌀가루는 익반죽해야 쫀득한 경단이 됩니다. 씹는 식감을 위해 속에 땅콩가루나 호두 조각을 넣고 반죽해도 맛있습니다. 단, 아이에게 땅콩 알레르기가 있다면 땅콩은 넣지 마세요.

탕수소스 만들기

탕수소스는 기본적으로 식초 : 간장 : 황설탕의 비율이 1 : 1 : 1입니다. 파인애플, 사과처럼 단맛이 나는 과일을 첨가할 경우 맛을 보면서 설탕의 양을 가감하세요.

1 찹쌀가루는 3등분으로 나누어 하나는 그대로 익반죽하고, 하나는 딸기가루, 나머지 하나는 단호박가루를 넣어 익반죽한다. 물은 각각 7ml(약 2/3큰술)씩 섞는다.

찹쌀가루, 딸기가루, 단호박가루는 마트에서 구입할 수 있다.

2 반죽을 1.5cm 직경으로 동그랗게 빚는다.

사진에서 초록색 경단은 시금치물(81쪽 참고)을 사용해 만들었다. 녹차가루를 이용해도 된다.

3 경단을 끓는 물에 넣고 중불에서 5분간 익힌다. 떠오르면 익은 것이므로 불을 끄고 건져낸다.

4 사과는 2cm 크기로 깍둑썬다. 파인애플은 동그란 원을 8등분한다. 양송이버섯은 갓 부분을 제거하고 2cm 크기로 납작썬다. 팽이버섯은 밑동을 자르고 2cm 길이로 썬다.

파인애플은 시중에서 껍질 깐 것을 쉽게 구입할 수 있다. 만약 없으면 통조림 제품을 사용해도 무방하다.

5 [탕수소스] 프라이팬에 생수, 식초, 간장, 황설탕을 넣고 센불에서 끓인다. 끓으면 파인애플, 사과, 양송이버섯, 팽이버섯, 완두콩을 넣는다. 소금으로 간한 다음 감자전분을 넣어 걸쭉하게 만든다.

6 접시에 경단을 담고 탕수소스를 끼얹는다.

가족밥상활용법

찹쌀 경단 대신 두부나 버섯, 새우 등에 감자전분을 입히고 튀겨 탕수소스를 끼얹으면 색다른 탕수 요리가 된다.

쇠간토마토조림

빈혈 예방, 항암효과, 당뇨 예방

쇠간 특유의 향이나 맛이 거부감을 일으킬 수 있지만, 새콤한 토마토케첩과 상큼한 생토마토로 맛을 보완했습니다. 쇠간은 철결핍성빈혈이 생기기 쉬운 아이들에게 필수적인 영양소인 철분이 쇠고기의 6~7배, 비타민 A는 수십배 많이 함유되어 있는 영양 만점의 식재료입니다.

빈혈
예방식

한우 간 20g (약 2큰술),
다진 한우(우둔살) 45g (약 3큰술),
토마토 45g (약 3큰술),
샐러리 15g (약 1큰술),
감자 35g (약 3+1/2큰술),
양파 45g (약 3큰술)

☆ 양념 : 멸균우유 20g (약 1큰술 +
1작은술),
토마토케첩 10g (약 2/3큰술),
토마토페이스트 5g (약 1작은술),
소금 약간

다진 쇠고기 재우기

생파인애플 2g (약 1/2작은술),
흰후춧가루 한꼬집

쇠간 삶기

통후추 약간,
월계수잎 약간,
청주 2g (약 1/2작은술),
생강즙 약간,
다진마늘 2g (약 1/2작은술),
소금 한꼬집

잠깐만요

쇠간, 쇠고기 이상의 식재료!

쇠간으로만 조리하면 영양적으로 더욱 우수하나 쇠간 특유의 비릿한 맛과 냄새 때문에 거부감이 생길 수 있으니, 처음에는 다진 쇠고기와 함께 조리합니다. 아기가 거부감 없이 잘 먹는다면 이후부터는 쇠간으로만 조리하면 더욱 영양이 풍부한 메뉴가 됩니다.

1 붉은색이 선명한 쇠간을 구입한 다음 쇠간이 잠길 정도의 우유에 30분 정도 담가두어 특유의 냄새를 제거한다.

쇠간 사이에는 굵은 혈관이 있다. 그대로 조리하면 질겨서 아기가 씹어 삼키기 어려우므로 손질해서 떼어낸다. 참고로, 순대와 함께 먹는 간은 돼지 간이다.

2 다진 쇠고기는 키친타월로 두드려 핏물을 뺀 다음 생파인애플, 흰후춧가루로 재워둔다.

3 쇠간은 삶기 양념과 함께 끓는 물에 넣고 중불에서 10분간 삶은 다음, 믹서에 넣고 0.3cm 크기로 간다.

4 토마토는 끓는 물에 2~3분간 데쳐 껍질을 벗기고 씨를 발라낸 다음 0.5cm로 굵게 다진다.

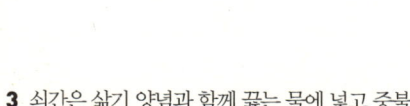

5 샐러리는 다진다. 감자와 양파는 1cm로 깍둑 썬다.

샐러리를 구하기 어려우면 청경채나 치커리로 대체해도 된다.

6 냄비에 다진 쇠고기, 양파, 감자, 샐러리를 넣고 볶다가 쇠간을 넣어 익힌다. 토마토, 토마토케첩, 토마토페이스트를 넣고 끓인 다음 소금으로 약하게 간한다.

토마토페이스트 만드는 법은 89쪽 참고

기억력
쑥쑥

닭가슴살카레

항산화작용, 식욕증진, 암 예방, 면역력 증가, 비만 예방

카레는 성인병을 예방하는 등 다양한 효능을 가진 식재료입니다. 쇠고기나 닭고기, 과일 등 다양한 재료를 섞어 카레를 만든 후
밥이나 빵에 얹어 먹으면 좋아요. 연하고 부드러운 닭가슴살을 첨가해 영양적으로 균형을 맞춘 메뉴입니다.
칼칼하고 특유의 향이 있는 카레는 부드럽고 담백한 닭가슴살과 특히 잘 어울립니다.

닭가슴살 40g (약 2+2/3큰술),
당근 10g (약 1큰술),
양송이버섯 7g (약 1큰술),
양파 30g (약 2큰술),
감자 30g (약 3큰술),
청피망 7g (약 1큰술)
☆ 가루 : 카레가루 12g (약 4/5큰술)
☆ 기름 : 현미유 약간
☆ 양념 : 다진마늘 약간,
　　　　흰후춧가루 한꼬집

분유물

생수 5ml (약 1작은술),
전지분유 2g (약 1/2작은술)

1 당근은 2cm로 나박썬다. 양송이버섯, 양파, 감자, 닭가슴살은 깨끗이 손질한 다음 모두 2cm 크기로 깍둑썬다.

당근은 단단해서 먹기 싫어하는 아이들이 많으므로 나박썰어 씹는 부담을 줄여준다.

2 청피망은 1.5cm로 납작썰어서 끓는 물에 한 번 담갔다 빼는 것으로 살짝 데친다.

피망과 파프리카는 요리 전에 살짝 데치면 색감이 살아나고 더 아삭해진다.

3 프라이팬에 현미유를 두르고 닭가슴살, 당근, 감자, 양송이버섯, 양파 순으로 넣고 중불에서 10분간 볶으면서 다진마늘과 흰후춧가루로 양념한다.

4 당근이 거의 익을 때쯤 청피망을 넣고 중불에서 5분간 볶는다.

5 카레가루를 생수 30ml(약 2큰술)에 풀어서 분유물과 섞은 다음 넣고 약불에서 10분간 끓인다.

카레가루는 미리 물에 풀어서 넣어야 뭉치지 않는다. 찬물에 풀어서 숟가락으로 저으면 잘 풀린다. 만약 분유물이 없으면 우유로 대체한다.

잠깐만요

두세 종류의 카레를 섞으면 더 깊고 풍부한 맛이 나요

카레는 가루나 큐브 형태의 고형물 등 시중에 다양하게 제품이 나와 있습니다. 두세 종류의 카레를 한 꺼번에 섞어서 조리하면 더 깊고 풍부한 맛이 납니다. 보통 고형 카레가 가루 형태보다 더 깊은 맛이 납니다. 또 카레는 매운 맛과 순한 맛으로 나눌 수 있는데, 아이들용으로는 순한 맛으로 골라 조리하는 것이 좋습니다. 마트나 생협에서 유기농 카레도 따로 판매하고 있으니 참고하세요.

해물짜장

세포 재생, 피로회복

짜장소스에 돼지고기 대신 해산물을 넣어 조리한 메뉴입니다.
짜장소스의 고소하고 진한 맛이 해물의 단맛과 잘 어우러집니다. 밥에 얹어주거나 우동면을 삶아 곁들이면 훌륭한
한 끼 식사가 됩니다. 시중에 판매되는 짜장가루에는 첨가물이 많이 들어가 있어서 아이에게 먹이기가 쉽지 않습니다.
첨가물이 들어가 있지 않은 유기농 짜장가루로 만들면 안심하고 먹일 수 있어요.

입맛
없을 때
뚝딱!

관자살 5g (약 1작은술),
오징어 15g (약 1큰술),
새우살 15g (약 1+1/2큰술),
돼지호박 20g (약 2큰술),
감자 25g (약 2+1/2큰술),
양파 25g (약 1+2/3큰술),
양배추 30g (약 1/2컵)

☆ 가루 : 짜장가루 8g (약 1/2큰술),
　　감자전분 한꼬집
☆ 기름 : 현미유 약간
☆ 양념 : 다진마늘 약간,
　　흰후춧가루 한꼬집

해물 재우기

청주 약간,
생강즙 약간,
다진마늘 약간,
흰후춧가루 한꼬집

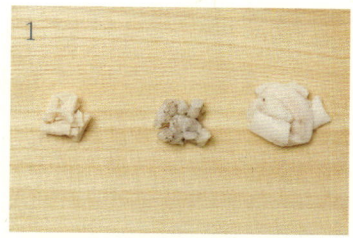

1 관자살은 깨끗이 씻어 센불에 10분간 데친 다음 결대로 1cm로 찢는다. 오징어는 몸통에 칼집을 내고 1cm로 썬다. 새우살은 1cm로 썬다. 모두 해물 양념에 재워둔다.

해물 재료 중 없는 것은 다른 해물로 대체하거나 생략해도 된다.

2 돼지호박, 감자, 양파, 양배추는 깨끗이 손질해 2cm 크기로 깍둑썬다.

3 냄비에 현미유를 두르고 감자, 양파, 양배추, 돼지호박 순으로 넣고 중불에서 15분간 볶는다. 볶으면서 다진마늘과 흰후춧가루로 양념한다. 어느 정도 익으면 해물을 넣고 생수 100ml(약 1/2컵 + 1큰술)를 부은 다음 끓인다.

4 짜장가루를 넣고 약불로 10분간 끓이다가 감자전분 푼 물로 농도를 맞춘다.

춘장을 기름에 볶아서 사용하면 깊은 맛을 낼 수 있지만, 간편하게 짜장가루를 이용해도 괜찮다. 해물 대신 돼지고기 등심을 1cm로 나박썰어 넣어주면 돼지고기짜장이 된다.

 잠깐만요

관자살은 키조개나 가리비의 관자 사용

유아식을 만들 때 관자살은 키조개나 가리비의 관자를 사용하면 됩니다. 마트에서 관자살만 따로 구매하면 편리해요. 해산물은 채소보다 작은 크기로 잘라야 아이가 부담 없이 씹어 삼킬 수 있습니다.

짜장가루와 춘장은 유기농 제품 사용 권장

카레도 그렇지만 시중에서 판매되는 짜장가루나 춘장 역시 첨가물(산도조절제, 카라멜색소 등)이 많아 아이들에게 먹이기에 좋지 않습니다. 생협이나 마트에서 판매하는 유기농 짜장가루, 춘장을 이용해서 해물짜장을 만들어주세요.

아기닭갈비

춘천닭갈비를 재현한 아기닭갈비

춘천닭갈비를 아기가 쉽게 먹을 수 있도록 매운맛을 줄이고 순하게 양념했습니다.
레시피 분량 그대로 넣어보세요. 춘천에서 먹던 닭갈비의 맛이 살아납니다.
아미노산이 풍부해 스트레스를 이겨내고 뇌 신경전달 물질을 촉진시켜 두뇌회전에도 도움이 되는
닭고기는 성장기 어린이와 청소년들에게 좋은 식품입니다.

덮밥
으로도
안성맞춤

닭다리살 75g (약 1/2컵),
당근 10g (약 1큰술),
양배추 20g (약 2큰술),
양파 25g (약 1+2/3큰술),
깻잎 3g (약 1큰술),
고구마 30g (약 3큰술),
실파 약간

☆ 기름 : 현미유 약간,
　　　참기름 약간

☆ 양념 : 간장 1.5g (약 1/3작은술),
　　　고추장 1.5g (약 1/3작은술),
　　　올리고당 4g (약 1작은술),
　　　고춧가루 한꼬집,
　　　카레가루 2g (약 1/2작은술)

닭고기 재우기

청주 3g (약 1/5큰술),
생강즙 약간,
다진마늘 1.5g (약 1/3작은술),
흰후춧가루 한꼬집

1 닭다리살은 1.5cm 크기로 썰어 양념에 재워두
었다가, 끓는 물에 넣고 중불로 10분간 데친다.

닭다리살에는 지방이 붙어 있을 수 있으므로 껍질과 지방을
제거한 후 양념한다. 가슴살이나 안심으로 대체해도 된다.

2 당근, 양배추, 양파, 깻잎은 1.5cm 크기로 나
박썬다. 고구마는 1.5cm 크기로 깍둑썬다. 실
파는 송송썬다.

3 냄비에 현미유를 두르고 고구마, 당근, 양배
추, 양파를 넣고 중불에서 15분간 볶는다. 당
근이 익으면 닭다리살을 넣고 분량의 양념을
한다.

4 깻잎, 실파, 참기름을 넣고 중불에서 5분간 살
짝 볶아 마무리한다.

5 밥과 곁들여 같이 낸다.

가족밥상활용법

어른용 닭갈비는 양념을 좀더 추가해서 더
볶는다. 당면이나 우동면을 삶아서 추가하면
아이, 어른 모두 좋아하는 일품요리로
변신할 수 있다. 혹은 다 먹고 나중에 밥을
볶아서 먹어도 맛있다.

잠깐만요

춘천닭갈비만의 비법, 카레가루

춘천닭갈비의 특징 중 하나가 카레가루를 첨가하는 것입니다. 카레가루를
넣으면 닭고기의 잡내를 없애고 닭갈비 향과 풍미를 더할 수 있어요.

아기 음식은 매운맛이 적은 고춧가루 사용

아기가 처음 매운맛을 보는 거라면 고춧가루, 고추장의 양을 조절하는 것이 좋습니
다. 매운맛이 적고 순한맛이 나는 고춧가루를 사용하세요.

땅속
비타민 C의
보고, 감자

감자잡채

감기 예방, 변비 예방, 미백효과

모든 재료를 채썰어 볶아서 섞는 잡채입니다. 당면 대신 감자채를 넣어 고기, 채소와 섞은 반찬으로, 기호에 따라 파프리카, 시금치 등 다양한 재료로 응용이 가능한 메뉴입니다. 감자는 단맛이 있고 여러 가지 조리법으로 해먹을 수 있을 뿐아니라, 쌀밥에 없는 비타민 C와 B1, 식이섬유를 섭취할 수 있어서 다이어트와 당뇨 예방에 도움을 주는 식품으로, 주식으로도 즐겨 먹을 수 있습니다.

돼지고기(슬라이스) **25g** (약 1+2/3큰술),
부추 8g (약 2큰술 + 1작은술),
당근 10g (약 1큰술),
감자 100g (약 1컵)
☆ **기름** : 현미유 약간
☆ **양념** : 간장 4.5g (약 1작은술),
   참기름 약간

돼지고기 재우기

생강 약간,
청주 2g (약 1/2작은술),
마늘즙 약간,
후춧가루 한꼬집

1 돼지고기는 길이 2cm, 폭 0.5cm로 채썰어 찬물에 30분 정도 담가 핏물을 뺀 다음, 양념해서 재워둔다.

2 부추는 1cm 길이로 썬다. 당근은 2cm로 채썬다. 감자는 2cm로 채썰어 찬물에 20분 정도 담가두어 전분기를 뺀다.

3 프라이팬에 현미유를 두르고 돼지고기, 당근을 넣고 중불에서 10분간 볶는다. 당근이 어느 정도 익으면 부추를 넣고 약불에서 5분간 완전히 익힌다. 그릇에 담아둔다.

취향에 따라 청피망, 홍피망이나 파프리카를 채썰어 함께 볶아도 좋다.

4 다시 프라이팬에 현미유를 두르고 감자를 넣고 부서지지 않게 중불에서 15분간 볶는다.

5 감자가 살캉거리게 익으면 불을 끄고 미리 익혀둔 돼지고기, 당근, 부추를 넣는다. 간장으로 간하고 참기름을 넣은 뒤 살살 섞는다.

감자는 완전히 익히지 말고 살캉거릴 정도만 볶아서 다른 재료와 섞어 남아 있는 열기로 뜸들이듯이 익히는 것이 좋다. 다른 재료를 섞기 전에 감자를 완전히 익히면 감자가 부서져버린다.

잠깐만요

볶음 요리에서 감자를 물에 담가 전분을 제거하는 이유

감자의 전분질 함량은 품종이나 수확시기에 따라 차이가 납니다. 감자잡채는 메뉴의 특성상 채썰어서 볶아야 하므로, 감자를 미리 물에 담가 어느 정도 전분기를 빼고 조리해야 합니다. 전분기가 그대로 있으면 감자를 볶을 때 감자가 서로 엉겨붙어 뭉치기 때문입니다.

주먹밥도
밥반찬도
OK!

멸치아몬드볶음

골다공증 예방, 시력증진, 노화방지

키 쑥쑥 영양 반찬으로, 아몬드를 곁들여 고소하게 씹는 질감을 살렸습니다.
아이가 밥맛이 없을 때 밥과 함께 주먹밥으로 만들어 별미로 먹일 수 있는 반찬입니다.
뼈 튼튼, 치아 튼튼 말고도 멸치의 효능은 많습니다. 멸치의 비타민 A 성분은 시력을 보호하고 높이는 데 기여하며
항산화작용을 통해 피부미용과 노화방지에도 도움을 줍니다.

잔멸치 33g (약 6큰술),
아몬드(슬라이스) **17g** (약 2큰술 +
1작은술),
올리고당 5g (약 1작은술),
참깨가루 한꼬집
☆ **기름 : 현미유 7g** (약 1+1/2작은술)

1 잔멸치는 잡티를 골라낸다. 만약 멸치가 많이
짜다면 물에 한 번 씻어 짠기를 뺀다.

2 아몬드는 슬라이스된 것이 없으면 통아몬드를
믹서에 살짝 갈아서 사용한다.

3 미리 달군 프라이팬에 현미유를 넉넉히 두르
고 잔멸치를 넣고 튀기듯이 중불에서 5분간
볶은 다음, 체에 받쳐 기름기를 뺀다.

키친타월에 올려놓고 기름기를 제거해도 된다.

4 기름기를 뺀 잔멸치를 다시 프라이팬에 담고
올리고당, 참깨가루, 아몬드를 넣고 약불에서
5분간 살살 볶는다.

잔멸치 자체에 간이 있기 때문에 별도로 간장이나 소금 간은
하지 않는다.

잠깐!만요

멸치볶음에 잣, 호두 등도 OK!
멸치볶음에 견과류를 넣으면 고소하고 맛있습니다.
레시피에 나온 아몬드뿐만이 아니라 잣, 호두 등 다
양한 견과류를 추가해 고소한 맛을 더해주세요.

멸치가 눅눅하면 미리 전자레인지에 돌려요
잔멸치를 바삭하게 튀겨 멸치과자처럼 볶는 반찬입니다. 멸치가 눅눅하면 과자
처럼 바삭한 질감이 나오지 않아요. 그럴 경우 미리 전자레인지에 2~3분만 돌
려서 건조한 상태로 조리하면 됩니다.

골라 먹는
나물 반찬

아기삼색나물

변비 예방, 빈혈 예방, 붓기 완화

나물 세 가지를 아이가 비교적 수월하게 먹을 수 있도록 부드럽게 조리한 메뉴입니다. 도라지, 콩나물 등 다른 나물도
추가할 수 있습니다. 무는 뿌리 부분에 비타민 C와 칼슘이 많고, 잎에는 칼슘과 식이섬유, 베타카로틴이 풍부합니다.
무청을 잘 말려 시래기로 만들어 나물로 볶아 먹으면 구수한 나물 반찬으로 활용할 수 있습니다.

시금치 70g (약 2/3컵),
무 60g (약 2/3컵),
삶은 고사리 32g (약 2큰술),
☆ 기름 : 현미유 약간

시금치나물 양념

마늘즙 약간,
다진파 약간,
깨소금 한꼬집,
소금 한꼬집,
참기름 약간

무나물 양념

멸치다시마육수 100ml(약 2/3컵),
다진마늘 약간,
소금 한꼬집,
참기름 약간

고사리나물 양념

다진마늘 5g (약 1작은술),
깨소금 한꼬집,
참기름 약간,
소금 한꼬집,
찹쌀물 15ml(약 1큰술),
다진파 약간

찹쌀물

생수 15ml(약 1큰술),
찹쌀가루 3g (약 1/5큰술)

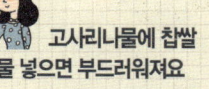

잠깐만요

**고사리나물에 찹쌀
물 넣으면 부드러워져요**

고사리나물에 마지막으로 찹쌀물
을 넣고 뜸들이듯이 익히면 훨씬
부드럽고 깊은맛이 납니다. 찹쌀
물은 찹쌀가루와 물을 1 : 5의 비
율로 섞어서 만듭니다. 이 세 가
지 나물 외에 콩나물, 도라지나물
등을 응용해서 추가해도 좋아요.

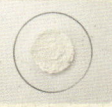

1　[시금치나물] 시금치는 깨끗이 다듬어 끓는 물
에 소금을 조금 넣고 중불에서 20초간 데친다.
찬물에 헹군 다음 1~2cm 길이로 썬다.

시금치를 데치고 찬물에 행구면 색이 더 선명해진다.

2　그릇에 담고 시금치나물 양념을 넣어 무친다.

섬유질이 강한 시금치는 무친 다음 다시마육수를 30ml(약 2
큰술) 정도 넣고 볶으면 더 좋다. 다시마육수 만드는 법은 42
쪽 참고

3　[무나물] 무는 2cm 길이로 약간 굵게 채썰어
끓는 물에 넣고 중불에서 5분간 데친 다음 체
에 받쳐 물기를 뺀다.

4　프라이팬에 현미유를 두르고 무를 넣고 볶다
가 멸치다시마육수를 붓고 뚜껑을 덮어 약불
에서 15분간 익힌다. 무가 적당히 익으면 무나
물 양념을 넣고 무친다.

멸치다시마육수 만드는 법은 42쪽 참고

5　[고사리나물] 고사리를 센불에서 10분간 삶은
다음 질긴 부분을 다듬고 1~2cm 길이로 잘라
서 다진마늘, 깨소금, 참기름을 넣고 무친다.

고사리는 센불에서 10분간 삶는다. 이때 소금은 넣지 않는다.
삶은 고사리는 손으로 만져 딱딱한 부분을 잘라낸 다음 양념
을 넣고 바락바락 주물러야 무르게 된다.

6　프라이팬에 현미유를 두르고 고사리를 넣고
중불에서 10분간 볶다가 소금, 생수 30ml(약 2
큰술)를 넣고 뜸들이듯이 5분간 부드럽게 익
힌다. 약불로 줄인 다음 찹쌀물, 다진파를 넣
고 뚜껑을 덮어 5분간 익힌다.

새송이버섯장조림

반찬 2 :
생후 25개월
~7세

항암작용, 신경안정, 피부개선, 소화촉진

고기 없이 새송이버섯만 간장에 조린 장조림입니다. 팽이버섯을 뺀 거의 모든 버섯을 동일한 방법으로
조리할 수 있습니다. 새송이버섯은 노화방지 역할을 하는 비타민 C 함유량이 느타리버섯의 7배,
팽이버섯의 10배나 들어 있습니다. 게다가 다른 버섯에 거의 함유되어 있지 않은 비타민 B6가 다량 함유되어 있어서
혈액생성과 신경안정, 피부 건강에 좋습니다.

비타민 C
최강 흡수

새송이버섯 130g (약 1+3/5컵),
들기름 약간

조림양념장
생수 15ml (약 1큰술),
간장 3g (약 1/5큰술),
올리고당 4g (약 4/5작은술),
다진마늘 약간

1 새송이버섯은 2cm로 깍둑썰어 끓는 물에 넣고 중불에서 1분간 데친 다음 물기를 뺀다.

새송이버섯을 깍둑썰지 않고 손으로 찢어서 조리면 더욱 쫄깃한 질감의 장조림이 완성된다.

2 생수, 간장, 올리고당, 다진마늘을 분량대로 넣고 골고루 저어 조림양념장을 만든다.

양념장에 다시마육수나 양파를 넣으면 더욱 깊고 풍부한 맛이 난다. 다시마육수 만드는 법은 42쪽 참고

3 냄비에 조림양념장과 새송이버섯을 넣고 약불에서 10분간 조린다.

4 조림장이 절반으로 줄어들면 들기름을 두른 다음 약불로 5분간 끓인다.

5 그릇에 예쁘게 담는다.

가족밥상활용법

아래 〈잠깐만요〉에 소개하는 매콤 양념을 넣어서 어른용 새송이버섯구이를 만들어보자.

잠깐만요

버섯은 살짝 데쳐야 비타민 손실 방지

새송이버섯을 조리할 때는 끓는 물에 살짝 데쳐 쫄깃한 식감을 살리는 것이 포인트입니다. 너무 오래 데치면 수용성 비타민이 빠져나가 영양분이 손실되니 아주 잠깐만 데치세요. 새송이버섯뿐만 아니라 표고버섯, 느타리버섯, 양송이버섯 모두 이 조림양념장으로 장조림을 만들 수 있습니다.

매콤한 새송이버섯구이 응용

매콤한 새송이버섯도 함께 만들어보세요. 새송이버섯 2~3개를 편으로 길게 썬 다음 팬에 기름을 두르고 볶다가 매콤 양념을 넣어 조리면 됩니다.

매콤 양념 : 고추장 2큰술, 간장 1큰술, 고춧가루 1큰술, 설탕 2큰술, 물 2큰술, 다진마늘 1/2큰술, 참기름 한꼬집, 통깨 한꼬집

쫄깃한
식감

들깨소스버섯무침

항암작용, 뇌졸중 예방, 심혈관질환 예방

들깨가루를 듬뿍 넣은 버섯 반찬으로, 다양한 버섯을 들깨소스에 볶아 고소하면서도 버섯의 쫄깃한 질감이
살아 있는 반찬입니다. 느타리버섯에는 에르코스테롤이라는 물질이 풍부하게 들어 있어서 뇌혈관질환이나 동맥경화 등
심혈관질환을 예방하는 데 도움이 됩니다. 또한 혈소판 응집 억제 작용으로 뇌졸중을 예방해주며,
베타 글루칸과 비타민 C 성분이 있어서 활성산소를 없애주는 효능이 있습니다.

느타리버섯 35g (약 5큰술),
새송이버섯 25g (약 3+1/2큰술),
양송이버섯 28g (약 4큰술),
팽이버섯 35g (약 5큰술)

☆ 기름 : 들기름 약간

들깨소스

생수 15ml (1큰술),
거피들깨가루 3.5g (약 1/5큰술),
들깨가루 3.5g (약 1/5큰술),
다진마늘 약간,
소금 한꼬집

1 느타리버섯은 반을 갈라 2cm 크기로 썬다. 새송이버섯은 2cm 길이로 납작하게 썬다. 양송이버섯은 1.5cm로 깍둑썬다. 팽이버섯은 2cm 길이로 썬다.

2 [들깨소스] 껍질을 벗긴 거피들깨가루와 껍질을 벗기지 않은 들깨가루를 1:1 비율로 섞어서 다진마늘, 소금, 생수를 넣고 볶아 그릇에 담아둔다.

이 레시피는 1인 기준으로 맞춰서 재료가 소량이다. 조리시 금방 탈 수 있으니 주의한다.

3 프라이팬에 들기름을 두르고 느타리버섯, 새송이버섯, 양송이버섯을 넣고 중불에서 10분간 볶으면서 들깨소스를 넣는다. 약불로 줄이고 팽이버섯을 넣고 5분간 볶는다.

팽이버섯은 약하고 얇기 때문에 처음부터 같이 넣고 볶으면 실처럼 얇아지므로 제일 나중에 넣는다.

4 그릇에 담아낸다. 밥 위에 얹으면 덮밥으로 먹을 수 있다.

나물이나 샐러드에 다양하게 응용할 수 있는 들깨소스

들깨소스로 만들 수 있는 요리는 여러 가지가 있습니다. 들깨소스는 샐러드용 소스로도 적합하며, 가지나 시금치 같은 나물류에도 잘 어울립니다.

껍질 벗긴 거피들깨가루, 유아식에 자주 쓰는 이유

껍질 안 벗긴 들깨가루는 껍질을 벗기지 않은 들깨를 그대로 가루를 낸 것이라 검은 껍질이 같이 갈려 있어서 색깔이 어둡습니다. 껍질 벗긴 들깨가루(거피들깨가루)는 들깨의 껍질을 벗기고 가루를 낸 것이라 색깔이 뽀얀 노란색을 띠며 더 부드럽습니다. 둘 다 마트에서 쉽게 구할 수 있습니다. 아이가 25개월이 지난 이후부터는 껍질 안 벗긴 들깨가루도 먹을 수 있습니다. 들깨는 오메가 3가 풍부해서 뇌신경을 활발하게 해주고 학습능력을 높여줍니다. 또한 비타민이 풍부해서 시력을 회복하는 데 도움을 주고, 알레르기성 체질을 정상적으로 만들어줍니다. 따라서 성장기 어린이들에게 국, 반찬 등을 통해 들깨 섭취를 유도해주세요. 또한 들기름도 자주 먹이면 좋습니다.

아기해물찜

항산화작용, 두뇌발달 촉진, 피로회복

아기용으로 고춧가루를 넣지 않고 순하게 조리한 해물찜입니다. 조갯살이나 새우살, 게살 등은 미리 껍질을 벗겨 속살만 사용해야 아기가 거북함 없이 먹을 수 있습니다. 새우는 필수아미노산이 풍부합니다. 새우에 포함되어 있는 베타인 타우린 알라닌이 새우만의 구수한 맛을 내주며, 우리아미노산인 타우린이 많이 있어서 타우린과 콜레스테롤이 결합해 담즙의 성분으로 혈중 콜레스테롤을 감소시켜주므로 심혈관 건강과 혈당관리에 좋습니다.

담백한 보양식

새우살 30g (약 3큰술),
게다리살 10g (약 1큰술),
오징어 50g (약 3+1/3큰술),
주꾸미 25g (약 1+2/3큰술),
미나리 8g (약 2큰술),
머리 뗀 콩나물 50g (약 1/2컵),
팽이버섯 25g (약 5큰술),
양파 30g (약 2큰술),
당근 8g (약 4/5큰술),
실파 약간

☆ 가루 : 감자전분 2.5g (약 1/2작은술)
☆ 기름 : 현미유 약간,
　　　　참기름 약간
☆ 양념 : 간장 약간,
　　　　청주 약간,
　　　　생강즙 약간,
　　　　다진마늘 약간,
　　　　양파가루 한꼬집

1 새우살은 1cm로 깍둑썬다. 게다리살은 손질해서 그대로 사용한다. 오징어와 주꾸미는 0.5cm로 굵게 다진다.

아기가 먹는 해물 요리이므로 딱딱한 껍질이나 심지는 미리 손질해서 아기 입 안에 상처를 내지 않도록 주의한다.

2 미나리, 머리 뗀 콩나물은 1.5cm로 채썬다.

콩나물 머리는 아이가 먹기에 좀 딱딱하고, 콩나물에서 나는 비린내는 머리 부분에서 나는 것이기 때문에 머리를 떼어내고 조리하는 것이 좋다.

3 팽이버섯, 양파, 당근은 1.5cm로 채썬다. 실파는 송송썬다.

4 프라이팬에 현미유를 두르고 당근과 양파를 넣고 중불에서 10분간 볶다가 콩나물, 해물들, 팽이버섯 실파, 미나리 순서로 넣는다. 분량의 양념을 넣고 약불에서 10분간 볶는다.

5 재료가 다 익으면 감자전분을 풀어 농도를 맞추고, 참기름을 넣어 마무리한다.

가족밥상활용법

아래 〈잠깐만요〉에 소개하는 매콤 양념장을 넣어서 어른용 해물찜을 만들어보자.

잠깐만요

생후 25개월 이후부터 홍합, 모시조개, 낙지 등 섭취 가능

오징어와 주꾸미는 아미노산이 풍부하고 DHA, EPA가 많아 뇌세포 형성을 도우므로 기억력 향상에 도움을 줍니다. 레시피에서 해물은 시중에 있는 다양한 것들을 추가해도 좋습니다. 홍합살, 모시조갯살, 낙지 등 다양하게 응용해보세요.

매콤한 해물찜 응용

어른들을 위해 매콤한 해물찜을 만들고 싶다면 양념장을 미리 만들어 숙성시킨 다음 5번 단계에 적절히 추가하면 됩니다. 가족 모두 입맛에 맞게 해물찜을 즐길 수 있어요.

매콤 양념장 : 고추장 1큰술, 고춧가루 3큰술, 간장 1큰술, 올리고당 1큰술, 매실청 1큰술, 된장 1큰술, 다진마늘 2큰술, 맛술 2큰술, 참기름 약간

연어스테이크

10대 슈퍼푸드, 뇌세포 활성화

연어는 미국 《타임》이 선정한 10대 슈퍼푸드에 들어간 유일한 생선으로, 담백하고 깔끔한 맛과
비타민 B, D를 비롯해 오메가 3 지방산까지 다양한 영양소를 함유하고 있어 건강식품으로 손꼽힙니다.
연어는 샐러드나 구이, 조림 등 다양한 조리법의 메뉴가 있어요. 레몬즙을 뿌려 오븐에 구워
화이트소스를 곁들이는 연어스테이크로 조리하면 생선 비린내도 없는 메뉴가 됩니다.

베베쿡
인기 메뉴

연어 80g (약 1/2컵),
브로콜리 5g (약 1작은술),
소금 한꼬집
☆ 기름 : 현미유 약간

연어 밑간

마늘즙 약간, 생강즙 약간,
레몬즙 약간, 백포도주 약간,
흰후춧가루 한꼬집

화이트루

찹쌀가루 5g (1작은술),
포도씨유 2g (약 1/2작은술)

화이트소스

양송이버섯 20g (약 3큰술),
양파 25g (약 1+2/3큰술),
생수 15ml (약 1큰술),
전지분유 2g (약 1/2작은술),
멸균우유 3g (약 1/5작은술),
화이트루 만든 것, 월계수잎 약간,
파슬리가루 한꼬집

아기용 화이트루는 찹쌀가루와 포도씨유로

밀가루를 버터에 볶아 생크림을 섞어 화이트루를 만들면 포화지방 등의 성분을 그대로 섭취하게 됩니다. 따라서 아기가 먹는 화이트루는 유기농 찹쌀가루와 발연점이 높은 포도씨유를 볶아서 만드세요.

올리브유, 콩기름, 카놀라유 사용법

· **올리브유** : 발연점이 170~190℃로 낮은 편이어서 샐러드 드레싱으로 적합

· **콩기름, 포도씨유** : 발연점이 220℃로 부침이나 볶음 요리에 적합

· **카놀라유** : 발연점이 250℃로 가장 높아서 튀김 요리에 적합

1 연어는 6cm 크기로 토막낸 다음 양념으로 밑간한다.

아이들 음식에는 훈제연어보다 냉동연어를 사용한다. 냉동연어는 마트에서 쉽게 구할 수 있다. 연어 대신 메로나 대구 등 흰살생선으로 대체해도 된다.

2 양송이버섯과 양파는 2cm로 납작썬다. 브로콜리는 2cm로 잘라 소금을 한꼬집 넣은 끓는 물에 2분 정도 데친 다음 찬물에 헹군다.

브로콜리는 데친 다음 바로 찬물에 헹궈야 물러지지 않는다.

3 팬에 연어를 얹고 160℃에서 5분간 예열한 오븐에 넣어 20~30분간 굽는다. 연어의 색깔을 확인하면서 굽는 시간을 조절한다. 연어가 진한 주황색이 되면 불을 끈다.

오븐이 없으면 프라이팬에 기름을 약간 두르고 앞뒤로 굽는다.

4 [화이트루] 찹쌀가루와 포도씨유를 약불에 5분 정도 볶아서 화이트루를 만들어 그릇에 담아둔다.

5 [화이트소스] 현미유 두른 팬에 양파, 양송이버섯을 넣고 중불에서 5분간 볶은 다음 전지분유물, 우유, 화이트루를 풀면서 크림 상태로 만든다. 뻑뻑하면 생수를 추가해 농도를 맞추면서 10분간 끓인다. 월계수잎, 파슬리가루를 넣는다. 마지막에 월계수잎은 건져낸다.

6 구운 연어를 그릇에 담은 다음 화이트소스를 끼얹고 브로콜리로 장식한다.

채소얹은생선지짐

시력보호, 감기 예방, 노화방지

흰살생선은 담백한 맛이 있으서 전으로 부치거나 조림으로 만들면 더욱 맛있습니다.
손질한 흰살생선에 달걀물을 씌워 부친 다음 채소를 얹어주세요.
알록달록 색색의 채소와 노른 생선살의 조합이 훌륭한 메뉴입니다.
아이들 두뇌개발은 물론 성장식으로도 안성맞춤이랍니다.

촉촉한
아기
생선전

흰살생선 75g (약 1/2컵 + 1큰술),
달걀 15g (약 1큰술),
당근 15g (약 1+1/2큰술),
양파 30g (약 2큰술),
애호박 30g (약 3큰술)
☆ 가루 : 튀김가루 15g (약 1큰술)
☆ 기름 : 현미유 약간
☆ 양념 : 소금 약간

흰살생선 재우기
소금 약간,
흰후춧가루 약간

1 흰살생선은 깨끗이 손질해 살만 발라내고 4~5cm 크기로 썬 다음 양념해 20~30분간 재워둔다.

흰살생선은 반드시 조리 전에 손으로 세심하게 만져서 잔가시를 제거한다. 양념한 생선살은 체에 받치거나 키친타월을 깔아 물기를 제거한다. 그래야 조리하면서 기름이 튀지 않는다.

2 생선살에 튀김가루를 얇게 묻힌 다음 달걀물을 입힌다. 현미유를 두른 프라이팬에 넣고 중불로 노릇노릇하게 부친다.

만약 튀김가루 대신 밀가루로 한다면 소금 간을 약간 하는 것이 좋다. 노른자와 흰자를 2:1의 비율로 달걀물을 만들면 예쁜 노란색의 생선전이 된다.

3 당근, 양파는 1.5×0.6cm 크기로 나박썬다. 애호박은 1.5cm 크기로 나박썬다.

4 프라이팬에 현미유를 두르고 당근, 양파, 애호박을 넣은 다음 중불에서 10분간 자작하게 볶는다. 소금으로 간한다.

5 구운 생선을 그릇에 담고 채소를 토핑으로 얹는다.

생선전은 자칫 뻑뻑할 수 있는데, 볶은 채소를 얹어서 부드럽게 먹을 수 있다.

잠깐만요

생후 25개월 이후부터 섭취 가능한 흰살생선 종류

흰살생선은 대구 말고도 동태, 가자미, 광어, 도미 등 다양합니다. 주로 겨울이 제철이며, 마트에서 쉽게 구입할 수 있습니다.

반찬 2 :
생후 25개월
~ 7세

머리가
좋아져요!

삼치된장구이

두뇌발달, 성인병 예방, 피부병 완화

아기의 두뇌발달에 필수적인 DHA가 풍부한 삼치는 고등어보다 비린내가 덜하기 때문에 아기가 먹기 좋은 등푸른생선입니다.
칼륨의 함량도 높아 성인의 혈압강하에도 도움을 주는 식재료입니다. 된장을 발라 구우면 특유의 비린내도 없어져서
아기가 부담 없이 먹을 수 있는 생선구이가 됩니다.

삼치 100g (작은 것 1조각),
대파 흰 부분 5g (약 1작은술),
된장 15g (약 1큰술),
생수 15ml (약 1큰술),
레몬즙 3g (약 1/2작은술),
☆ 기름 : 현미유 3g (약 1/2작은술)

삼치 밑간

소금 한꼬집,
흰후춧가루 한꼬집

1 삼치는 깨끗이 손질해 가시를 골라내고 양념
으로 밑간한다. 대파는 뿌리의 흰 부분을 1cm
로 곱게 채썬다.

삼치는 10~2월이 제철이며, 몸이 단단하고 탄력이 있고 광
택이 나는 것이 좋다. 파를 썰어 찬물에 잠시 담가두면 매운
기를 좀 뺄 수 있다.

2 된장은 생수와 1:1 비율로 섞어 곱게 간다.

3 삼치는 굽기 직전에 물기를 닦아내고 레몬즙
을 뿌린다. 팬에 현미유를 바르고 삼치를 올린
다음, 160℃로 5분간 예열해둔 오븐에 넣고 10
분간 굽는다.

오븐이 없으면 프라이팬에 현미유를 두르고 중불에서 15분간
앞뒤로 노릇하게 지진다.

4 구운 삼치에 된장물을 앞뒤로 바른 다음 2차
로 5분간 굽는다.

프라이팬에 구울 때도 마찬가지다.

5 삼치가 다 구워지면 파채를 올려 마무리한다.

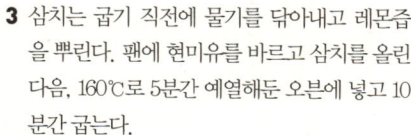

어른용 데리야키소스(73쪽 참고)를
4번 단계에서 바르고 구우면 맛있는
삼치데리야키구이가 된다.

잠깐만요

삼치를 쌀뜨물, 우유에 담가 비린내 제거

삼치는 깨끗하게 씻어 조리 전에 쌀뜨물이나 우유에 담가두면 비린내
가 빠집니다. 삼치는 두께에 따라 굽는 온도와 시간을 달리합니다.
두꺼울 경우 온도는 낮게 하고 시간은 늘려서 속까지 모두 익도록 합
니다.

오븐에 생선 구울 때 처음부터 양념 바르지 말아요

생선에 바르는 된장은 짠맛의 정도에 따라 양을 가감하세요. 처음부터 된장을 발라 구우면
삼치는 익지 않고 된장만 타므로 1차로 삼치를 구운 다음에 된장을 발라 2차로 한 번 더 굽
는 것이 좋습니다. 생선을 오븐에 구우면 프라이팬에 구웠을 때보다 기름이 많이 빠져서 더
담백하고 덜 느끼합니다.

칼슘의
황제
뱅어포

뱅어포케첩구이

호르몬 생성, 골다공증 예방, 혈관질환 예방

뱅어포는 칼슘의 왕이라고 불리는 멸치보다도 많은 칼슘을 함유하고 있습니다. 게다가 햇볕에 말린 뱅어포에는 칼슘의 흡수를 돕는
비타민 D가 풍부해 더욱 좋습니다. 뱅어포로 만든 반찬은 성장기 아이들에게 좋은 칼슘 공급원입니다.

뱅어포 40g (약 2+1/3장)

☆ 가루 : 참깨가루 한꼬집

☆ 기름 : 현미유 2g (약 1/2작은술)

양념장

양파 20g (약 1+1/3큰술),
팽이버섯 15g (약 2큰술),
실파 2g (약 1/2작은술),
맛술 2g (약 1/2작은술),
토마토케첩 25g (약 1+2/3큰술),
황설탕 한꼬집,
참기름 약간

1 뱅어포는 잡티를 골라내고 1.5×1.5cm 크기로 자른다.

뱅어포는 색이 뽀얗고 선명한 것, 비린내가 심하지 않은 것이 좋다.

2 달군 프라이팬에 현미유를 두르고 뱅어포를 넣어 약불로 2분간 튀긴 다음 키친타월에 올려두어 기름기를 제거한다.

뱅어포를 튀기기만 해서 내놓아도 훌륭한 반찬이 된다.

3 다진 양파, 팽이버섯, 실파를 넣고 볶다가 나머지 재료를 넣고 양념장을 만든다. 1/3 정도 (수분이 거의 졸아들 정도)가 될 때까지 중불로 5분간 조린다.

4 튀긴 뱅어포에 양념을 살짝 묻혀 비빈다. 참깨가루를 뿌려 마무리한다.

가족밥상활용법

아래 〈잠깐만요〉에 소개하는 대로 어른용의 매콤한 뱅어포구이를 만들어보자.

뱅어포 간식, 주먹밥으로 응용

뱅어포를 프라이팬에 한 번 구워 바삭하게 만든 다음 아기 간식으로 주어도 좋습니다. 잘게 부숴 밥에 섞어 주먹밥으로 만들어도 훌륭해요. 다양한 재료를 섞어서 뱅어포주먹밥을 만들어보세요.

매콤한 뱅어포구이 응용

매콤한 양념장을 만들어서 3번, 4번 단계를 진행하면 어른들 입맛에도 잘 맞아요.

재료 : 뱅어포 4장, 고추장 2큰술, 고춧가루 1/2큰술, 다진마늘 1/4큰술, 올리고당 1큰술, 간장 1큰술, 참기름 약간, 통깨 한꼬집

매콤오징어볶음

피로회복, 뇌세포 형성, 간 해독, 당뇨병 예방

오징어는 쇠고기의 16배, 우유의 47배나 되는 우수한 타우린과 단백질이 풍부해
뇌세포 형성은 물론 혈액순환을 원활하게 해주며 뇌세포를 생성하도록 도와줍니다.
또한 인슐린 분비를 촉진해 당뇨병을 예방하고, 근육의 피로회복에 효능이 있습니다.
오징어의 풍부한 EPA 성분은 심장질환을 예방하고 간장의 해독기능을 강화시켜줍니다.

기력
회복식

오징어 110g (약 1/2컵),
깻잎 5g (약 5장),
양파 40g (약 2+2/3큰술),
양배추 15g (약 1+1/2큰술),
실파 약간,
참기름 약간

☆ 기름 : 현미유 약간

전날 만드는 양념장

사과 약간,
마늘즙 약간,
양파즙 약간,
간장 약간,
고추장 약간,
황설탕 한꼬집,
고춧가루 한꼬집

1 분량의 양념을 만들어 하루 동안 숙성시킨다.

양념을 미리 만들어 하루 동안 숙성시키면 재료들이 잘 섞여서 더 깊은 맛을 낸다.

2 깻잎, 양파, 양배추는 2cm 크기로 나박썬다. 오징어는 껍질을 벗기고 깨끗이 손질해 0.8cm 크기로 다진다.

오징어 껍질은 질겨서 아이들이 먹기에 힘드므로 벗겨서 조리한다.

3 프라이팬에 현미유를 두르고 양파, 양배추를 넣고 중불로 10분간 볶다가 숨이 죽으면 오징어와 양념장을 넣고 볶는다.

4 깻잎을 넣고 송송썬 실파, 참기름을 넣은 다음 약불로 5분간 볶아 마무리한다.

가족밥상활용법

어른들이 먹을 때는 양념을 더 추가하거나 청양고추를 넣어 매콤하게 만들면 좋다. 아래 〈잠깐만요〉에 소개하는 매콤 양념장을 활용해 제육볶음을 만들어도 좋다.

오징어를 질기지 않게 조리하려면?

일단 오징어 껍질을 벗기고 끓는 물에 소금을 한꼬집 넣고 중불에서 1분 30초간 데칩니다. 이때 너무 오래 삶으면 오징어가 질겨지니 주의하세요. 끓는 물에 소금을 넣으면 오징어 살이 탱글탱글해져 식감이 더 좋아집니다.

숙성한 매콤 양념장으로 제육볶음 응용

1일 숙성한 양념장으로 제육볶음도 만들 수 있습니다. 돼지고기를 나박썰어 찬물에 30분간 담가 핏물을 뺀 다음, 양념장과 함께 버무려 볶으면 맛있는 제육볶음이 됩니다. 반찬으로 먹거나 밥에 올려 제육볶음덮밥으로 만들어보세요.

우엉채곤약조림

변비 예방, 다이어트, 골격형성

곤약에는 글루코만난이라는 성분이 들어 있는데, 이는 장운동을 원활하게 만들어 배변활동을 촉진시키기 때문에
변비 증상을 치료하는 데 효과적이며, 숙변을 제거해 대장 속 노폐물을 배설시켜주므로 대장암을 예방할 수 있습니다.
이 외에도 곤약에는 칼슘이 풍부하게 들어 있어서 골격형성에 도움을 주고, 칼로리는 거의 없는 반면
식이섬유가 많아 포만감을 주기 때문에 다이어트에도 아주 좋은 식품입니다.

변비 예방
최고

통우엉 65g (약 4+1/3큰술),
실곤약 60g (약 6큰술),
참기름 약간

☆ 양념 : 생수 70ml (약 1/3컵),
　　간장 5g (약 1작은술),
　　황설탕 2g (약 1/2작은술),
　　올리고당 3g (약 1/5큰술)

식촛물
생수 200ml (약 1컵 + 1큰술),
식초 15ml (약 1큰술)

1 우엉은 껍질을 벗기고 1cm 길이로 채썬 다음 식촛물에 10분간 담가둔다.

우엉을 식촛물에 담가두면 갈변을 방지하고 씁쓸한 맛을 조금 빼주어 아이가 먹기에 거부감이 덜해진다.

2 곤약은 물로 깨끗이 헹구고 1cm 길이로 자른다.

3 끓는 물에 우엉을 넣고 센불에서 5분간 삶은 다음 건져낸다.

4 프라이팬에 생수, 간장, 황설탕, 올리고당을 넣고 끓이다가, 우엉과 곤약을 넣고 중불에서 15분간 조린다.

5 불을 끄고 참기름을 약간 넣어 마무리한다.

가족밥상활용법
4번 단계에서 우엉만 조려서 따로 준비해둔다. 그런 다음 가족이 모두 모여서 우엉, 달걀, 단무지, 시금치 등 다양한 재료로 김밥을 만들어보자. 함께 만들고 먹는 즐거움을 나눌 수 있다.

잠깐만요

변비 해소, 다이어트에 좋은 곤약
곤약은 구약나물의 땅속줄기를 가루를 낸 다음 석회유를 넣고 끓여서 반투명의 묵이나 국수 형태로 만든 식품으로, 우리말로는 '우무'라고 부릅니다. 곤약의 글루코만난 성분은 배변활동을 촉진시켜 숙변 제거, 다이어트에 좋습니다.

아이들에게 꼭 필요한 뿌리채소
무, 우엉, 연근, 당근, 감자, 고구마, 비트, 생강 등 뿌리채소는 땅속 영양을 고스란히 담고 있어서 사람에게 좋다는 사실은 다 아실 거예요. 특히 항산화효과와 중금속 배출 능력이 알려지면서 아이들 음식에 다양하게 활용되고 있답니다. 뿌리채소를 이용한 영양밥(198쪽 참고) 만들기에도 도전해보세요.

수제어묵찜

활용 만점 레시피

아이들이 잘 먹지만 첨가물이 많이 들어간 탓에 시중의 어묵을 그대로 아이에게 주기란 쉽지 않습니다. 싱싱한 채소와 해물이 듬뿍 들어간 수제 어묵을 만들어주는 것은 어떨까요? 생선과 채소를 싫어하는 아이들에게 딱 맞는 반찬입니다. 수제어찜묵은 아이들에게 든든한 간식, 또는 밥반찬으로 손색 없는 활용도 높은 레시피입니다.

첨가물 No,
두뇌발달
OK!

흰살생선 10g (약 1큰술),
새우살 15g (약 1+1/2큰술),
오징어 20g (약 1+1/2큰술),
잔멸치 7g (약 2큰술),
청피망 10g (약 1+1/2큰술),
당근 10g (약 1큰술),
브로콜리 5g (약 1작은술),
양파 10g (약 2/3큰술),
달걀 20g

☆ 가루 : 감자전분 12g (약 4/5큰술)

☆ 양념 : 청주 약간,
　　　　소금 3g (약 1/5큰술),
　　　　생강즙 약간,
　　　　다진마늘 약간,
　　　　후춧가루 한꼬집

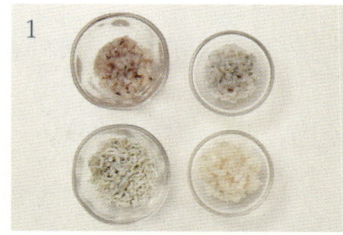

1 흰살생선, 새우살, 오징어는 깨끗이 손질해서 물기를 제거하고 다진다. 잔멸치는 찬물에 1시간 정도 담가 짠기를 빼고 굵게 다진다.

해물을 믹서기에 돌려도 되지만, 어느 정도 입자가 보여야 하니 너무 오래 돌리지 않는다.

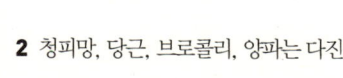

2 청피망, 당근, 브로콜리, 양파는 다진다.

3 재료들의 물기를 제거하고 모두 그릇에 담은 다음 분량의 양념을 넣어 섞는다.

4 달걀과 감자전분을 넣고 반죽해 동그랗게 빚은 다음 찜통에 넣고 10분 정도 찐다.

찜통에 찐 다음 기름에 튀기면 더 고소한 맛의 어묵이 된다. 이렇게 만든 어묵으로 아이들이 좋아하는 어묵탕이나 어묵 볶음 등 다양한 요리를 만들 수 있다.

5 그릇에 예쁘게 담는다.

가족밥상활용법

어른들 용으로 매콤한 어묵을 만들고자 한다면 2번 단계에서 청양고추를 잘게 다져 넣는다.

잠깐만요

시중의 어묵이 아이들에게 안 좋은 이유

시중에 판매하는 어묵은 비살균제품이라고 적혀 있는 것에서도 알 수 있듯이, 기름에 튀기는 것 외에는 별도의 살균공정이 없기 때문에 위생 상태를 확신할 수가 없습니다. 그리고 시중에 판매하는 어묵에는 D-솔비톨, L-글루타민산나트륨 등 첨가물이 많이 들어가 있습니다. 생선살의 비율이 높아야 하지만 전분이나 밀가루 함량이 높은 제품들도 있으니, 표기사항을 반드시 확인하고 구입하세요. 만약 부득이하게 시중의 어묵을 이용하는 경우에는 끓는 물에 한 번 데쳐서 살균과정을 거치는 것이 좋습니다.

브로콜리는 송이보다 줄기에 영양이 더 많아요

브로콜리 줄기에는 송이보다 약 3.5배 정도 많은 양의 베타카로틴과 비타민 C가 들어 있습니다. 줄기는 육수를 낼 때 같이 넣어도 좋고, 감자와 같이 채썰어서 볶으면 훌륭한 반찬이 됩니다.

쇠고기커틀릿

성장발육, 빈혈 예방, 원기회복

쇠고기는 성장기 아이들에게 좋은 단백질과 필수아미노산으로 풍부한 영양을 제공하며,
철분과 단백질이 풍부해 기력을 보충하고 원기를 회복시켜주는 보양식으로 안성맞춤입니다.
빵가루로 감싸 겉은 바삭하고 속은 육즙이 가득한 쇠고기커틀릿은 아이들에게 인기 만점 메뉴입니다.

반찬 2 :
생후 25개월
~ 7세

인기 만점
메뉴

다진 쇠고기 100g (약 1/2컵),
양파 30g (약 2큰술),
파 10g (약 1큰술),
아기치즈 10g (약 2/3큰술),
달걀 30g (약 2큰술)

☆ 기름 : 현미유 약간

☆ 양념 : 소금 3g (약 1/5큰술),
　　　　흰후춧가루 한꼬집

튀김옷

밀가루 30g (약 2큰술),
빵가루 30g (약 6큰술),
달걀 30g (약 2큰술)

소스

생수 약간,
토마토케첩 15g (약 1큰술),
우스터소스 3g (약 1/5큰술)

1 양파는 곱게 다진 다음, 달군 프라이팬에 현미
유를 두르고 약불에서 5분간 볶아 식힌다.

2 곱게 다진 쇠고기에 볶은 양파, 다진 파, 치즈
를 넣고 달걀 푼 것을 넣어 골고루 섞는다. 소
금, 흰후춧가루로 간을 맞추고 골고루 치댄다.
오래 치댈수록 반죽이 갈라지지 않는다.

치즈를 넣으면 맛이 고소해진다. 흰후춧가루가 없으면 흑후
춧가루를 넣어도 된다.

3 반죽을 동글납작하게, 혹은 아이가 좋아하는
모양으로 빚은 다음 밀가루, 달걀, 빵가루 순
으로 튀김옷을 입힌다.

빵가루를 따로 준비해놓은 게 없으면 시중에 판매되는 것을
사용한다.

4 기름을 165℃로 달군 팬에 반죽을 넣고 중불에
서 5분간 노릇하게 튀긴다. 적당히 익으면 뒤
집어서 뒷면도 노릇하게 튀긴다.

튀김옷을 조금 넣었을 때 바로 거품이 부글부글 올라오면 튀
기기에 적당한 온도다.

5 [소스] 토마토케첩, 우스터소스, 생수를 섞어
서 따끈하게 데워 소스를 만든다. 튀겨낸 커틀
릿과 함께 낸다.

잠깐만요

간장보다 감칠맛 원할 때는 우스터소스

우스터소스는 양파, 당근, 샐러리, 토마토 등을 삶아 익힌 국물에 후추, 육계, 샐비어 등 향신료와 식초, 소금, 캐러멜 등을 첨가해 6~12개월간 숙성시킨
소스입니다. 간장과 비슷하지만 오묘한 향이 나면서 감칠맛을 더하고 요리의 색을 더욱 진하게 해줍니다.

오색피클

피부미용, 다이어트, 활성산소 제거

새콤달콤한 맛으로 아이들 입맛을 돋우고 아삭아삭 씹는 재미까지 있는
피클을 집에서도 쉽게 만들 수 있습니다. 조금 느끼한 음식을 먹을 때 입을 상쾌하게 씻어주는
피클은 아직 매운 김치를 잘 먹지 못하는 아이들에게
김치 대신 먹일 수 있어서 한번 담가놓으면 아주 유용한 반찬이 됩니다.

김치 대용
최고 반찬

오이 55g (약 3+2/3큰술),
양배추 15g (약 1+1/2큰술),
사과 20g (약 1+1/3큰술),
배 20g (약 1+1/3큰술),
양파 약간,
빨강파프리카 3g (약 1작은술),
노랑파프리카 5g (약 2/3큰술)
☆ 양념 : 굵은소금 한꼬집,
        식초 15g (약 1큰술),
        소금 한꼬집

시럽

생수 800ml (약 4+1/2컵),
생강 약간,
통후추 약간,
월계수잎 1장,
황설탕 20g (약 1큰술 + 1작은술)

1 오이는 굵은소금으로 문질러 씻은 다음 2cm 크기로 얇게 나박썬다. 양배추는 굵은 줄기를 제거하고 1.5cm로 나박썬다. 사과, 배는 껍질을 벗기고 2cm로 자른다.

오이를 굵은소금으로 문지르는 이유는 오돌도돌한 가시를 없애고 표면의 농약, 먼지 등 불순물을 제거하기 위해서다.

2 양파는 갈아서 즙만 넣는다. 파프리카는 채썬다.

양파는 아이들이 생으로 먹기에 매울 수 있으므로 즙으로 해서 소량만 넣는다. 믹서나 강판에 갈아서 면보에 거르면 된다. 시판되는 양파즙을 활용해도 된다.

3 [시럽] 냄비에 생수를 붓고 시럽 재료를 하얀 망에 넣어 센불에서 10분, 중불에서 10분간 끓인다. 식초와 소금을 넣고 팔팔 끓인 다음 식힌다. 식으면 망을 꺼낸다.

좀더 독특한 향을 내고 싶다면 피클링스파이스를 추가해도 좋다. 피클링스파이스는 마트에서 구할 수 있다.

4 시럽에 채소와 과일, 양파즙까지 모두 넣고 푹 잠기도록 해서 놓아둔다. 다음날 맛이 들면 시럽만 따라내 끓여서 식힌 다음 다시 붓는다.

이렇게 시럽을 두 번 끓이는 이유는 빨리 숙성시키기 위해서다. 그리고 재료에 직접 열을 가해 끓이는 것이 아니기 때문에 혹시 있을지 모르는 미생물을 제거하기 위한 이유도 있다.

잠깐만요

피클 보관하는 유리병

피클을 만들면 흔히 유리병에 보관합니다. 유리병을 소독하는 방법은, 끓는 물에 유리병을 넣고 삶아서 꺼낸 뒤 엎어서 말립니다. 그러면 수증기가 증발하면서 병 속까지 소독이 됩니다.

겨울철 콜라비피클도 맛있어요

여름에는 오이가 제철이라 주로 오이피클을 많이 만드는데, 겨울에는 콜라비를 넣은 콜라비피클도 맛이 좋습니다. 또 그냥 양배추보다는 적양배추나 오미자, 복분자를 넣으면 예쁜 적색을 낼 수 있습니다. 비트도 활용하면 좋아요. 참고로, 피클용 시럽을 만들 때 물과 식초, 설탕의 비율은 3 : 0.5 : 0.7입니다.

독특한 피클 만들기, 피클링스파이스

피클링스파이스는 피클을 만들 때 맛을 좋게 해주는 각종 허브, 향신료를 모은 제품으로, 마트에서 구입할 수 있습니다. 겨자씨, 딜씨드, 통후추, 월계수잎, 계피 등이 들어 있어요.

검은콩호두조림

다이어트, 노화방지, 두뇌발달

해독효과가 좋은 검은콩은 아세틸콜린과 레시틴이 풍부해 기억력과 두뇌 건강에 좋은 영향을 주므로 성장기 아이들에게 더없이 좋은 식재료입니다. 호두 역시 두뇌 건강에 도움이 되는 견과류로, 검은콩과 함께 조리하면 머리가 좋아지는 반찬이 됩니다.

머리가
좋아지는
반찬

검은콩 40g (약 3큰술 + 1작은술),
호두 18g (약 1+4/5큰술),
참기름 약간,
통깨 약간
☆ 양념 : 간장 4g (약 4/5작은술),
　　　올리고당 6g (약 1+1/5작은술)

1 검은콩은 물에 씻은 다음 찬물에서 1~2시간 정도 불린다. 호두는 2조각으로 자른다.

호두는 껍질째 조리한다.

2 먼저 검은콩만 넣고 센불에서 20분 정도 삶는다.

3 삶은 콩에 간장, 올리고당을 넣고 20~30분 끓인다. 호두를 넣고 중불에서 5분간 조린다.

호두는 검은콩이 완전히 물러졌을 때 넣고 섞듯이 살짝만 조린다.

4 윤기가 나면 불을 끈 다음 참기름, 통깨를 넣는다.

가족밥상활용법

어른용으로는 간장, 올리고당 양을 좀더 늘려서 조리하면 맛있다. 호두뿐만 아니라 아몬드나 잣 등 견과류는 모두 넣을 수 있는 레시피다.
검은콩은 탈모가 걱정되는 아빠, 여성호르몬 활성화를 기대하는 엄마에게도 좋다.
약용으로는 볶아서 먹는 것이 가장 좋다.
볶은콩을 식초에 담갔다가 먹으면 통풍에 좋고, 청주에 담가서 마시면 관절통에 좋다.

잠깐만요

검은콩은 1~2시간만 불려요

검은콩은 대표적인 두뇌발달용 반찬입니다. 또한 신장과 방광을 다스리고 부종을 없애서 혈액순환을 활발하게 해주어 독을 풀어줍니다. 특히 모발성장에 필수성분인 시스테인이 함유되어 있어서 탈모를 방지해줘요. 검은콩(=서리태)은 조리 전에 불리지 않으면 딱딱하게 조려지고, 너무 오래 불리면 껍질이 찢어져 지저분하게 됩니다. 찬물에 1~2시간 정도 불리는 것이 가장 좋아요. 검은콩은 마트에서 구입할 수 있는데, 때에 따라 구비해놓지 않는 마트도 더러 있습니다. 항상 구비해놓는 마트로는 농협 하나로마트가 있습니다.

생후 15개월~7세 | 국

셋째
마당

아기육개장

변비 예방, 혈액순환 촉진, 빈혈 예방, 지혈효과

예로부터 고사리는 해열   지혈 효과가 있어서 감기에 걸리거나 코피를 자주 흘리는 사람들이 많이 먹었습니다.

석회질과 칼슘이 많아 성장발달에도 도움을 주며, 식이섬유가 풍부해 장운동을 도와 숙변을 제거하고 변비에 효과가 좋습니다.

고사리는 성질이 매우 차기 때문에 소화기가 약한 사람이나 몸이 찬 사람은 꼭 삶아서 먹는 것이 좋습니다.

담백한
보양식

한우(양지) **20g** (약 1+1/3큰술),
고사리 25g (약 1+2/3큰술),
숙주나물 20g (약 1큰술 + 1작은술),
양파 15g (약 1큰술)

☆ **국물 : 쇠고기육수 400㎖**
　　(약 2+1/4컵)

☆ **양념 : 국간장 약간,**
　　다진마늘 약간,
　　다진실파 약간

1 쇠고기육수를 만든 다음 쇠고기만 건져서 1.5cm 길이로 자른다. 결대로 손으로 찢은 다음 국간장과 다진마늘을 넣고 버무린다.

쇠고기육수 만드는 법은 43쪽 참고

2 고사리는 삶고, 숙주나물은 데치고, 양파는 깨끗이 손질한 다음 모두 1.5cm 길이로 썰어서 국간장과 다진마늘로 양념한다.

3 1번의 쇠고기육수에서 기름기를 걷어내고 끓인다. 찢은 쇠고기와 채소들을 모두 넣고 센불로 10분간 끓인 다음, 약불로 낮추고 5분간 끓인다.

4 다진실파를 넣어 마무리한다.

가족밥상활용법

고추기름과 고춧가루를 추가해 얼큰하게 만들면 어른들 국으로도 좋다.

닭개장도 가능한 육개장 레시피

육개장은 오래 끓일수록 깊은 맛이 우러나와 맛이 좋아집니다. 이 레시피에서 쇠고기 대신 닭가슴살을 넣어 닭개장으로 끓여도 됩니다.

숙주나물 데치기

숙주나물을 찬물에 여러 번 씻습니다. 물이 끓어오르면 소금을 한꼬집 넣은 다음 숙주나물을 넣고 3분간 데쳐서 건져 내 찬물에 헹굽니다. 소금은 숙주나물의 비린맛을 없애는 데 도움이 됩니다.

고사리 삶기

말린 고사리에 물을 넉넉히 붓고 삶아요. 하나 꺼내 만져보아 약간 덜 삶아졌다 싶을 때 불을 끄고 물이 식도록 그냥 둡니다. 물이 식으면 딱딱하고 질긴 줄기는 골라서 버리고 하룻밤 정도 그대로 담가놓아 씁쓸한 맛을 뺍니다. 말린 고사리는 짙은 밤색을 띠며 대가 통통하고 쭈글거리지 않는 것이 좋은 고사리입니다. 줄기가 많은 것은 질기므로 피합니다.

베베쿡
아기들이
좋아하는
국

쇠고기미역국

골격발달, 항암작용, 변비 · 비만 예방

미역은 칼슘 함량이 높아 성장기 아이들의 골격발달과 성장발육에 좋습니다. 출산 후 엄마들에게는
자궁 수축과 지혈에 효능이 있어 산후조리 때 미역국을 많이 먹지요. 미역은 식이섬유, 칼륨, 요오드 등이 풍부해
신진대사를 활발하게 해주므로 변비 · 비만 예방, 철분 보충에 적합한 식품입니다.

한우(양지) **25g** (약 1+2/3큰술),
불린 미역 40g (약 2+2/3큰술)

☆ **기름 : 참기름 약간**

☆ **양념 : 국간장 약간,**
　　다진마늘 약간,
　　소금 한꼬집

1 마른미역은 찬물에 20분 정도 불린다. 불린 미역은 물기를 뺀 다음 1cm로 나박썬다.

2 쇠고기는 찬물에 30분 정도 담가 핏물을 뺀 다음, 다진마늘을 약간 넣고 조물조물 버무린다.

3 냄비에 참기름을 두르고 약불에서 10분간 쇠고기를 볶다가 핏기가 가시면 미역을 넣고 볶는다.

들기름으로 볶아도 괜찮다.

4 생수 400ml(약 2+1/4컵)를 붓고 센불에서 끓이다가 끓어오르면 중불로 낮추고 5분 정도 더 끓인다.

5 약불로 낮추고 5분 정도 더 끓인 후 국간장, 소금으로 간한다.

미역국은 오래 끓일수록 미역의 깊은 맛이 우러나 더욱 맛이 좋아진다. 레시피에는 1회 분량만 적어놓았지만 한꺼번에 많은 양을 끓여서 두고두고 먹어도 좋을 것이다.

잠깐만요

좋은 미역 고르기

미역은 줄기가 가늘고 잎이 넓으며 부드러운 것이 좋습니다. 잡티가 없고 검푸른 빛이 나면서 윤기가 살짝 감도는 것이 좋은 미역입니다.

미역국에 쇠고기 대신 해산물도 OK!

미역국에 쇠고기 대신 바지락, 해산물을 넣어도 맛있게 만들 수 있습니다.

감기 예방
최고!

쇠고기뭇국

소화작용, 감기 · 변비 예방

무가 들어가 시원하고 쇠고기로 감칠맛을 낸 쇠고기뭇국은 겨울철 잘 여문 무로 끓이면 더욱 맛이 좋습니다. 무에는 가래와 기침을
멎게 하는 효능이 있어서 감기 예방에 좋으며, 식이섬유도 많아 장운동을 활발하게 해주어 변비 예방에 도움을 줍니다.

한우(양지) **30g** (약 2큰술),
무 **60g** (약 6큰술)

☆ **국물 :** 다시마육수 400ml
　　　(약 2+1/4컵)

☆ **양념 :** 실파 약간,
　　　소금 한꼬집

1 쇠고기는 찬물에 30분 정도 담가 핏물을 뺀 다음 1cm로 나박썬다.

2 무는 깨끗이 씻어 1cm 크기로 깍둑썬다.

3 쇠고기와 무를 냄비에 넣고 달달 볶다가 무가 말갛게 되면 다시마육수를 1/2 분량만 넣고 센 불에서 끓인다.

다시마육수 만드는 법은 42쪽 참고

4 무와 쇠고기에서 국물이 충분히 우러나오면 중불로 낮추고 남은 다시마육수를 마저 넣고 15분간 끓인다. 송송썬 실파를 넣고 소금으로 간을 맞춘다.

가족밥상활용법

고춧가루와 마늘을 추가해 얼큰하게 끓이면 어른들이 먹기에도 좋다.

잠깐만요

좋은 쇠고기 고르기

쇠고기는 필수아미노산이 많고 특히 철분이 많아 빈혈에 효과가 있는 식재료입니다. 향기, 질감 등의 기호도도 높아 육류 중에서 가장 인기가 높아요. 적당히 잘 숙성된 쇠고기는 미오글로빈 색소의 함량이 높아 선홍색을 띕니다. 근섬유가 섬세하고 탄력 있으며 광택이 나고 특유의 향기가 있는 것이 좋은 쇠고기입니다. 이 레시피에 두부와 새송이버섯, 표고버섯을 추가로 넣어 쇠고기두부버섯전골로 만들어도 맛있습니다.

무 고르고 보관하기

무는 밤사이 영양분을 저장하는데 겨울은 밤이 길어 더 많은 영양분을 저장할 수 있어서 겨울 무가 맛있고 좋습니다. 무는 10~12월이 제철이며, 윗부분은 녹색, 아랫부분은 흰색에 잔털이 적고 매끈하며 단단한 것이 좋습니다. 남은 무는 신문에 싸서 그늘진 곳에 보관하거나 흙에 묻어두면 오랫동안 싱싱함을 유지할 수 있습니다.

국 :
생후 15개월
~ 7세

영양 백배
소화 술술!

닭고기채소전골

두뇌발달, 항암작용, 감기 예방

닭고기는 섬유질이 가늘고 연하면서 근육섬유소에 지방이 들어 있지 않아서 아이들이 소화시키기에 좋습니다.
그리고 다른 육류에 비해 지방이 적고 두뇌발달을 돕는 단백질이 풍부합니다. 닭고기에는 또한 불포화지방산 중 리놀렌산이
함유되어 있어서 암 발생을 억제하는 역할을 하며, 동맥경화 · 심장병 등의 예방에도 도움이 됩니다.
닭뼈를 진한 국물로 우려내 만든 국은 몸을 따뜻하게 해주는 효과가 있어서 감기 예방에도 좋습니다.

닭가슴살 30g (약 2큰술),
부추 3g (약 1큰술),
팽이버섯 15g (약 3큰술),
새송이버섯 5g (약 3/5큰술),
양파 15g (약 1큰술)
☆ 국물 : 닭고기육수 400ml
(약 2+1/4컵)
☆ 양념 : 국간장 약간,
소금 한꼬집,
흰후춧가루 한꼬집

1 닭고기육수를 만든 다음 닭가슴살은 건져서 1.5cm 길이로 잘게 찢는다.

닭고기육수 만드는 법은 43쪽 참고

2 부추와 팽이버섯은 1.5cm 길이로 썬다. 새송이버섯과 양파는 깨끗이 손질해서 1.5cm 길이로 채썬다.

3 냄비에 닭가슴살, 양파, 새송이버섯을 넣고 닭고기육수를 부은 다음 중불에서 10분간 끓인다.

4 약불로 낮추고 팽이버섯, 부추를 넣는다. 소금, 국간장, 흰후춧가루로 간을 맞춘 다음 5분 정도 더 끓인다.

5 밥, 반찬과 함께 낸다.

잠깐만요

닭고기채소전골을 오래 끓이면 닭곰탕

이 레시피에서 닭고기 대신 쇠고기로 대체해 한우채소전골을 만들어도 됩니다. 혹은 버섯과 부추를 빼고 무를 추가해 더 오래 끓이면 닭곰탕을 만들 수 있습니다.

단호박김칫국

정장작용, 면역 활성화, 항암효과

식습관이 서구화되면서 육류를 즐기는 쪽으로 변화하다 보니 혈액의 산성화가 쉽게 일어나고 산중독증의 대표적인 증상인 소화불량이나 설사가 잦은 사람들이 많습니다. 김치는 알카리성 식품으로, 산성 식품인 육류와 함께 섭취하면 산성을 중화시켜줍니다. 김치 숙성과정에서 생기는 유산균은 장내를 청소해주고 면역 증강과 함께 항암효과도 있습니다.

국 중에서
유산균
왕!

김치 40g (약 2+2/3큰술),
단호박 30g (약 3큰술),
두부 20g (약 1큰술 + 1작은술),
느타리버섯 14g (약 2큰술)

☆ **국물** : 멸치다시마육수 400ml (약
　2+1/4컵)

☆ **기름** : 들기름 약간

☆ **양념** : 다진마늘 약간,
　소금 한꼬집,
　실파 약간

1 김치는 물에 헹궈 양념을 털어낸 다음 1cm로
나박썬다.

유아용 국은 고춧가루가 모두 씻겨나갈 정도로 헹구면 된다.

2 단호박은 껍질을 벗긴 다음 속을 털어내고
1cm로 나박썬다. 두부는 1cm로 깍둑썬다. 실
파는 송송썬다. 느타리버섯은 1cm 크기로 나
박썬다.

3 냄비에 들기름을 두르고 김치를 넣은 다음 중
불에서 5분 정도 달달 볶는다.

참기름을 넣어도 되지만 들기름이 더 고소하고 맛있다.

4 멸치다시마육수를 붓고 단호박을 넣은 다음
중불에서 10분간 끓인다. 약불로 줄이고 두부,
느타리버섯을 넣고 5분간 끓인다. 다진마늘을
넣고 소금으로 간한다.

멸치다시마육수 만드는 법은 42쪽 참고.

5 5분 더 끓이다가 실파를 넣고 마무리한다.

가족밥상활용법

이 레시피에서 국물을 덜어내고
김치와 고춧가루를 넣고 좀더
조리면 칼칼한 맛과 단호박의
달콤한 맛이 어우러져 색다른
김치찌개가 완성된다. 남은 국을
활용해서 이렇게 어른용
김치찌개를 만들어 먹으면 좋다.

잠깐만요

유아기 아이에게 김치 먹이기

돌이 지난 이후부터 아기에게 생채소를 먹일 수 있습니다. 이때 어른이 먹는 김치를 그대로 주어서는 안됩니다. 백김치나 물김치부터 먹이기 시작해서 점차 어른이 먹는
김치를 물에 씻어주는 식으로 먹이세요. 김치에는 정장효과가 높은 유산균과 장의 연동운동을 돕는 식이섬유가 많이 들어 있기 때문에 유아기 때 가끔 생기는 변비를 예
방할 수 있습니다. 또 아기는 아직 장의 발달이 미숙하기 때문에 김치를 섭취함으로써 비타민 B1, C의 흡수를 증진시켜주는 것이 좋습니다.

두뇌세포를
깨워줘!

대구맑은국

고단백, 피로회복, 두뇌개발

보통 등푸른생선이 몸에 더 좋다고 생각하지만, 흰살생선은 비린맛이 적고 맛이 강하지 않아 아기들이 먹기에 더 좋습니다.
흰살생선은 비타민 A, B1, E가 풍부하며 아미노산의 일종인 타우린도 풍부해 콜레스테롤 수치를 조절하는 데 용이합니다.
흰살생선과 붉은살생선은 맛이 다르므로 조리법도 다른데, 살이 단단한 흰살생선은 주로 탕이나 찌개로,
붉은살생선은 주로 구이나 찜으로 요리합니다.

대구살 40g (약 4큰술),
미나리 5g (약 1큰술),
팽이버섯 5g (약 1큰술),
숙주나물 10g (약 1큰술),
무 20g (약 2큰술),
양파 10g (약 2/3큰술),
실파 약간
☆ 국물 : 다시마육수 400ml
   (약 2+1/4컵)
☆ 양념 : 다진마늘 약간,
   소금 한꼬집

흰살생선 재우기
양파즙 약간,
레몬즙 약간,
흰후추가루 한꼬집

1 대구살은 가시가 있는지 손으로 만져서 확인
해 제거한 다음 1cm 크기로 깍둑썬다. 분량의
양념으로 재워둔다.

2 실파는 송송썬다. 미나리, 팽이버섯 숙주나물
은 손질해 1.5cm로 자른다. 무, 양파는 깨끗이
손질해 1.5cm로 나박썬다.

3 냄비에 다시마육수를 붓고 대구살, 무를 넣고
중불에서 10분간 끓인다. 거품은 걷어낸다.

다시마육수 만드는 법은 42쪽 참고

4 무가 말갛게 되면 숙주나물, 팽이버섯, 양파를
넣고 5분간 끓인다. 다진마늘을 넣고 소금으
로 간한다. 약불로 낮추고 미나리와 실파를 넣
고 5분간 끓인다.

가족밥상활용법
남은 국에 기호에 맞게 청양고추, 미더덕,
곤이 등 부재료를 넣고 간을 맞추면
어른들도 맛있게 먹을 수 있다.

잠깐만요

대구를 대체할 수 있는 흰살생선은?
흰살생선 종류는 대구 말고도 동태, 가자미, 광어, 도미 등 많습니
다. 다른 흰살생선을 넣고 아기의 기호에 따라 두부, 콩나물 등을 넣
어 국을 끓여도 좋습니다.

신선한 생선 고르기
생선을 고를 때는 원산지가 분명한지, 전체적으로 싱싱하고 선명한 빛깔과 광택이 있는지 살
펴봐야 합니다. 그다음 생선의 눈이 맑고 약간 튀어나와 있으며 아가미를 열었을 때 선홍색
이 나는 것이 신선한 생선입니다.

굴부추국

국 :
생후 15개월
~7세

빈혈 예방, 학습기능 향상, 피부미용

굴은 우유를 능가하는 칼슘뿐만 아니라 무기질 또한 풍부해 성장기 어린이의 뼈 건강, 피부미용에 아주 좋습니다.

비타민과 철분이 풍부한 굴은 알칼리성 식품인 부추와 함께 먹으면 철분의 흡수율을 높일 수 있습니다.

특히 부추는 암 예방과 면역력 증강, 혈액순환에 도움이 되는 엽록소와 알리신이 풍부합니다.

그리고 굴의 비린맛을 잡아주기 때문에 영양뿐만 아니라 맛으로도 궁합이 좋습니다.

최고 궁합
유아 국

굴 50g (약 7개),
부추 10g (약 3큰술),
무 25g (약 2+1/2큰술)

☆ 국물 : 다시마육수 400ml
　　　(약 2+1/4컵)

☆ 양념 : 다진마늘 약간,
　　　소금 한꼬집

1 굴은 깨끗이 손질해 끓는 물에 2분 정도 살짝 데친 다음 다진다.

껍질 벗긴 굴을 구입하면 편리하다.

2 부추는 깨끗이 씻어 1cm 길이로 썬다. 무는 깨끗이 손질해 1cm 크기로 깍둑썬다.

3 다시마육수에 무를 넣고 센불에서 15분간 끓인다. 무가 거의 다 익으면 부추와 굴을 넣고 다진마늘, 소금으로 간한다. 약불로 줄이고 5분 정도 더 끓인다.

다시마육수 만드는 법은 42쪽 참고.

가족밥상활용법

어른용으로 만들려면 엄마아빠 기호에 맞게 두부, 느타리버섯, 청양고추 등을 추가하고 간을 맞추면 된다.

잠 깐 만 요

신선한 굴 고르고 손질하기

굴은 9~12월이 제철입니다. 빛깔이 밝고 선명하며 우윳빛이 나는 것, 가장자리가 선명한 검은색이고 만졌을 때 탱탱한 것이 신선한 굴입니다. 굴은 다음과 같이 손질합니다.

❶ 무를 간 즙에 굴을 넣어서 불순물이 무즙에 흡수되도록 한다.
❷ 껍질과 잡티를 가려내고 체에 건져서 물기를 뺀다.
❸ 옅은 소금물에 헹구듯이 가볍게 담갔다가 한 번 더 체에 거른다.

꽃게된장국

빈혈 예방, 노화방지, 골격형성 도움

게는 지방이 적고 단백질이 많아서 소화가 잘되고 담백합니다.
게의 단백질에는 로이신, 아르기닌 등 필수아미노산이 많이 들어 있어서 성장기 아이들에게 좋고,
소화가 잘되므로 병의 회복기에 있는 사람이나 허약체질, 노약자에게 매우 좋은 식재료입니다.

회복식
+성장식
OK!

게다리살 20g (약 2큰술),
무 90g (약 1컵),
팽이버섯 7g (약 1+1/2큰술)

☆ 국물 : 멸치다시마육수 400ml
(약 2+1/4컵)

☆ 양념 : 된장 약간,
다진마늘 약간,
소금 한꼬집,
흰후춧가루 한꼬집,
실파 5g (약 1큰술)

1 게다리살은 깨끗이 손질해 끓는 물에 살짝 데 쳐서 건진 다음 1cm 길이로 썬다.

꽃게에서 살만 따로 발라내기가 어려우므로 인터넷쇼핑몰 등에서 판매하는 대게 다리살을 구입하면 편리하다.

2 무는 1cm 길이로 채썬다. 실파는 송송썬다. 팽 이버섯은 밑둥을 잘라내고 1cm 길이로 썬다.

3 멸치다시마육수에 된장을 풀고 무를 넣은 다 음 센불에서 끓인다. 10분 정도 끓여 무가 어 느 정도 익으면 중불로 낮추고 게다리살, 팽이 버섯을 넣고 5분간 끓인다. 다진마늘을 넣고 소금, 흰후춧가루로 간한다.

멸치다시마육수 만드는 법은 42쪽 참고

4 약불로 줄이고 실파를 넣은 다음 5분간 더 끓 인다.

가족밥상활용법

유아 국에 살을 따로 발라내지 않은 꽃게를 통째로 넣고 기호에 맞게 콩나물, 무 등을 추가한 다음 고추장, 고춧가루를 넣어 꽃게국이나 꽃게찌개로 만들면 어른들도 맛있게 먹을 수 있다.

좋은 게 고르기

꽃게의 제철은 봄철의 3~6월, 가을철의 9~12월입니다. 봄철에는 알이 밴 암컷이, 가을철에는 살이 단단하게 오른 수컷이 맛이 좋습니다. 꽃게는 들었을 때 묵직함이 있어야 하고 다리가 10개 모두 있으며 배를 눌러봤을 때 물이나 내장이 흘러나오지 않는 것, 등쪽을 만져보았을 때 까칠하고 거친 것이 싱싱하고 좋은 꽃게입니다.

후다닥
초간단
요리

미소된장국

항암작용, 해독작용, 변비 예방

우리나라 된장은 콩, 물, 소금이 들어가고 미소된장은 쌀, 보리, 밀가루 등의 당분이 들어가는 것이 가장 큰 차이점입니다. 그래서 된장은 구수하고 짠맛이 강한 반면, 미소된장은 단맛이 강하고 깊은 맛은 적습니다. 따라서 미소된장국은 건더기를 먹는다기보다는 장국처럼 국물 위주의 맑은 국을 먹을 때 주로 끓이는 국으로, 만들기가 쉬워서 급하게 국물이 필요한 경우 간단하게 만들 수 있는 국입니다.

팽이버섯 15g (약 3큰술),
두부 30g (약 2큰술),
실파 약간

☆ 국물 : 다시마육수 400ml
(약 2+1/4컵)

☆ 양념 : 가쓰오부시 5g (약 1작은술),
미소된장 약간

1 다시마육수에 가쓰오부시를 넣고 10분 정도 우려낸다. 체나 면보를 이용해 가쓰오부시를 건져낸다.

다시마육수 만드는 법은 42쪽 참고. 가쓰오부시를 우릴 때 불은 끈 상태다. 다시마육수를 낼 때 쓴 다시마를 잘게 다져서 사용해도 좋다. 가쓰오부시가 이미 포함된 미소된장을 구입한 경우에는 이 과정을 생략해도 된다.

2 실파는 송송썬다. 팽이버섯은 1cm 길이로 썬다. 두부는 1cm로 깍둑썬다.

3 만들어놓은 육수에 미소된장을 넣고 잘 푼 다음 센불에서 끓인다. 끓기 시작하면 두부를 넣고 중불로 줄여 10분간 끓인다.

4 팽이버섯과 실파를 넣고 약불로 줄여 5분간 끓인다.

가족밥상활용법

미소된장은 최근 국내 기업에서도 많이 만든다. 따라서 일본 제품을 구입하지 않아도 된다. 가쓰오부시가 포함된 미소된장은 육수를 내지 않고 간단하게 국을 만들 수 있어서, 덮밥과 볶음밥 등 한그릇밥에 곁들이면 잘 갖춘 상차림을 손쉽게 준비할 수 있다.

잠깐만요

미소된장국에 근대, 아욱, 배추, 시금치 활용 OK!

미소된장국에 여름에는 근대나 아욱, 겨울에는 배추 등을 넣고 끓여도 맛있습니다. 아욱은 시금치보다 각종 영양소가 월등히 많고, 배추는 소화가 잘되는 채소입니다. 아욱의 경우 익혀도 풋내가 나므로, 데친 다음 파란 물이 나오도록 주물러 치대면서 헹궈야 풋내를 뺄 수 있습니다.

응용 요리
무한대!

쇠고기완자맑은국

성장발육, 원기회복, 빈혈 예방

쇠고기는 기본적으로 양질의 단백질을 공급해주어 필수영양소를 고루 갖추고 있는 영양식품입니다.
단백질과 미네랄이 풍부하고 함황아미노신과 아이들의 성장에 필요한 라이신이 들어 있으며,
성장발달에 꼭 필요한 철분도 풍부합니다. 당뇨와 부종에 효과적이며 면역력까지 높여줍니다. 비타민 B1, B2, 철분, 단백질이
풍부한 쇠고기는 빈혈 예방에 좋고 허약해진 몸을 보호하며 체력과 지구력을 높여주는 데 효과적입니다.

다진 **쇠고기 100g** (약 1/2컵),
쑥갓 3g (약 1큰술)

☆ **국물 : 쇠고기육수 400ml**
(약 2+1/4컵)

☆ **기름 : 현미유 약간**

쇠고기 재우기

양파즙 10g (약 1작은술),
다진마늘 약간,
소금 한꼬집,
후춧가루 한꼬집

쇠고기 완자

달걀 25g (약 1/2개),
감자전분 10g (약 2/3큰술),
참기름 3g (약 1/5큰술),
밀가루 한꼬집,
달걀물 약간

1 쇠고기육수를 만든 다음 쇠고기는 건져내 잘
게 다진다.

쇠고기육수 만드는 법은 43쪽 참고.

2 양파를 강판에 갈거나 믹서에 갈아 즙을 낸다.
쇠고기에 양파즙, 다진마늘, 소금, 후춧가루로
간한 다음 30분 정도 재워둔다.

3 재워둔 쇠고기에 달걀, 감자전분, 참기름을 넣
고 치댄 다음 동그랗게 완자를 빚는다. 완자에
밀가루를 묻힌 다음 달걀물에 굴려준다.

감자전분을 넣으면 완자가 더 잘 뭉쳐져서 형태를 잡기가 쉽
다. 참기름은 고소한 맛을 가미하려고 넣는다.

4 현미유를 두른 프라이팬을 키친타월로 한 번 닦
아낸 뒤 완자를 굴려가며 익힌다. 익힌 완자는
키친타월 위에 올려놓아 기름기를 제거한다.

기름이 너무 많으면 달걀옷이 벗겨질 수 있으므로 기름을 한
번 닦아낸 뒤 완자를 넣어 익힌다.

5 쇠고기육수가 식었으면 다시 끓인다. 끓기 시
작하면 약불로 줄이고 완자를 넣고 10분 정도
끓인다. 불을 끄고 쑥갓을 올린다.

약불에 은근히 끓여야 완자의 껍질과 모양이 흐트러지지 않
는다.

잠깐만요

완자만 있으면 요리 활용 100배!

완자에 달걀물과 튀김옷을 입히면 크로켓을 만들 수 있으며, 국을 만들 때 두루두루 넣어도 일품입니다. 쇠고기완자맑은국 레시피에서 두부를 섞어 완자를 만들면 더 부
드러운 완자가 됩니다. 완자를 만들어서 다음과 같이 조림용 소스에 조려 쇠고기완자조림으로 응용할 수도 있습니다. 소스에 완자를 넣고 조리기만 하면 됩니다.

조림용 소스 : 생수 10g(약 2/3작은술), 간장 20g(약 1+1/3큰술), 청주 5g(약 1작은술), 올리고당 10g(약 2/3작은술), 토마토케첩 15g(약 1큰술), 설탕 7g(약 1/2
큰술)

조랭이떡국

면역력 향상, 원기회복

사골을 이용해 고소하고 깊은 맛을 내는 사골육수를 만들어 떡국을 끓인 메뉴입니다.
사골육수는 기본 열량이 높은 편이며 국물에 무기질, 지방산, 단백질 성분이 풍부해 원기회복에 도움을 줍니다.

쫄깃쫄깃
씹는 연습

한우(양지) 30g (약 2큰술),
조랭이떡 80g (약 2/3컵),
달걀 60g (1개)

☆ **국물 : 사골육수 400ml** (약 2+1/4컵)

☆ **기름 : 포도씨유 3g** (약 1/5큰술),
참기름 3g (약 1/5큰술)

☆ **양념 : 국간장 약간,
소금 한꼬집,
실파 약간**

쇠고기 간하기

파 약간,
다진마늘 약간,
소금 한꼬집,
흰후춧가루 한꼬집

1 조랭이떡은 냉동한 것이나 딱딱한 경우 찬물
에 담가 30분 정도 불린다.

조랭이떡이 없으면 일반 떡국용 떡을 사용해도 무방하다. 조
랭이떡은 마트에서 쉽게 구입할 수 있다.

2 쇠고기는 찬물에 30분 정도 담가 핏물을 뺀 다
음, 사골육수에 넣어 10분 정도 함께 삶다가
꺼내서 결대로 찢는다. 파, 다진마늘, 소금, 후
춧가루로 간한다.

사골육수 끓이는 법은 아래 〈잠깐만요〉 참고. 사골육수가 없
으면 쇠고기육수(43쪽 참고)나 멸치다시육수(42쪽 참고)로 대
체한다.

3 달걀은 노른자와 흰자를 따로 분리해 푼다. 포
도씨유를 두른 프라이팬에 노른자, 흰자 지단
을 각각 부친 다음 마름모 모양으로 썬다.

시간이 없으면 그냥 달걀 전체를 잘 휘저은 다음 그대로 지
단을 부쳐도 괜찮다.

4 사골육수에 조랭이떡을 넣고 중불에서 10분간
끓인다. 떡이 떠오르면 국간장과 소금으로 간
을 맞춘다.

5 불을 끄고 참기름을 넣은 다음 쇠고기, 달걀
황백 지단, 송송썬 실파를 고명으로 올린다.

잠깐만요

사골육수 만들기

재료 : 사골 400ml(약 2+1/4컵), **생수 2000ml**(약 11컵)

❶ 사골은 찬물에 하루 정도 담가두어 핏물을 뺀다.

❷ 사골을 생수에 넣고 끓인다. 센불에서 20분간 끓인 다음 물을 버린다.

❸ 새로 생수를 부어서 센불에서 끓인다.

❹ 끓어오르기 시작하면 약불로 줄이고 국물이 뽀얗게 우러날 때까지 5~6시간 동안 뭉근하게 끓인다.

떡을 미리 물에 불리는 이유

떡을 미리 불리면 익힐 때 걸리는 시간
이 줄어듭니다. 불리지 않고 곧바로 조
리하면 떡이 확 풀어질 수도 있어요. 말
랑말랑한 떡이면 불리지 않고 바로 사용
해도 됩니다.

변비
예방식

들깨채소국

동맥경화 예방, 변비 예방, 두뇌활동 도움

들깨에는 오메가3 지방산인 리놀렌산이 풍부하게 함유되어 있어서 뇌의 신경기능을 촉진시켜 치매 예방과 성장기 어린이 두뇌발달에 도움이 됩니다. 또한 감마토코페롤 성분이 함유되어 있어서 항산화작용을 해 세포의 노화를 막아주고, 거칠어지거나 잡티가 있는 피부를 맑고 깨끗하게 해주는 효능이 있습니다.

당근 5g (약 1/2큰술),
감자 25g (약 2+1/2큰술),
양파 10g (약 2/3큰술),
애호박 15g (약 1+1/2컵)

☆ 국물 : 다시마육수 400㎖
　　(약 2+1/4컵)

☆ 가루 : 거피들깨가루 2g
　　(약 1/2작은술)

☆ 양념 : 실파 약간,
　　소금 한꼬집

1 실파는 송송썬다. 당근, 감자, 양파, 애호박은 깨끗이 손질해 1cm 크기로 깍둑썬다.

2 다시마육수에 당근, 감자, 양파를 넣고 중불에서 15분간 끓인다. 어느 정도 익었으면 애호박과 거피들깨가루를 넣는다.

다시마육수 만드는 법은 42쪽 참고. 거피들깨가루는 들깨의 껍질을 벗겨서 만든 가루로, 부드럽고 색이 하얗다. 한살림이나 생협. 또는 일반 마트에서 구입할 수 있다.

3 애호박이 완전히 익으면 약불로 줄이고, 실파와 소금으로 간한 다음 5분 더 끓인다.

4 밥과 아이김치, 반찬과 함께 낸다.

잠깐만요

들깨수제비, 들깨칼국수 응용

들깨채소국에 밀가루로 수제비를 만들어 넣으면 들깨수제비가 됩니다. 칼국수면을 넣으면 들깨칼국수도 가능하고요. 국물을 베이스로 다양하게 활용해보세요. 밀가루에 다양한 색을 내는 채소가루나 녹차가루(생협, 마트에서 판매)를 섞어서 수제비나 칼국수를 만들면 예쁜 색깔 덕분에 아이들이 아주 좋아합니다.

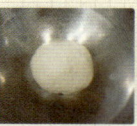

모시조개맑은국

콜레스테롤 저하, 혈압조절, 당뇨병 예방

구수하고 깊은 맛을 낼 때 모시조개를 이용하면 모시조개의 타우린과 호박산이 우러나와 국물이 뽀얗고 시원한 맛을 낼 수 있습니다. 모시조개에는 타우린과 호박산뿐만 아니라 베타인, 아미노산, 핵산 등이 풍부해 간기능 개선과 숙취에 좋습니다. 또한 모시조개는 조개 특유의 냄새가 적고 맛이 부드러워, 살만 발라내 튀김이나 조림 등으로도 이용할 수 있습니다.

그래,
이 맛이야!
감칠맛
No.1

모시조개 10개,
감자 25g (약 2+1/2큰술),
애호박 25g (약 2+1/2큰술)

☆ 국물 : 멸치다시마육수 400ml
(약 2+1/4컵)

☆ 양념 : 국간장 약간,
다진마늘 3g (약 1/5큰술),
소금 한꼬집

1 모시조개는 깨끗이 씻은 다음 찬물에 담가 1시간 이상 해감한다.

이미 껍질을 벗긴 조갯살을 구입했다면 해감이 필요 없고 몇 차례 헹구기만 하면 된다. 단, 옅은 소금물을 사용해야 한다. 그래야 조갯살의 맛과 모양이 상하지 않고 소독효과도 있다.

2 감자, 애호박은 1cm 크기로 깍둑썬다.

3 냄비에 멸치다시마육수를 붓고 모시조개, 감자, 애호박, 다진마늘을 넣고 센불에서 끓인다. 10분 정도 지나면 약불로 줄인다.

멸치다시마육수 만드는 법은 42쪽 참고

4 국간장, 소금으로 간을 맞춘 다음 불을 끈다.

가족밥상활용법

어른용으로 미더덕, 청양고추, 된장 등을 추가하면 한결 시원하고 칼칼한 국물 맛을 느낄 수 있다. 면과 떡을 추가로 넣어 먹어도 좋다.

잠깐만요

조개류 해감하는 법
물 500리터에 천일염 15g의 비율로 섞은 다음 조개를 넣습니다. 이때 숟가락이나 젓가락 등 철 성분을 함유한 도구도 함께 담습니다. 철의 비릿한 향을 내는 성분이 조개가 이물질을 토해내는 데 도움을 주기 때문입니다. 그런 다음 신문지나 비닐봉지로 덮어서 최소 1시간 이상 서늘한 곳에 두면 해감이 됩니다.

싱싱한 모시조개 고르기
모시조개는 껍데기가 깨끗하고 손상되지 않은 것이 싱싱합니다. 입을 열고 있는 것은 죽어가는 것이므로 입이 닫혀 있는 것을 고릅니다. 그리고 2개를 서로 부딪혔을 때 맑은 소리가 나는 것이 싱싱합니다.

모시조개가 없으면 바지락으로 대체
모시조개가 없으면 바지락을 이용해도 되고, 부재료로 콩나물이나 두부를 첨가해 끓여도 맛있습니다. 바지락과 칼국수를 넣으면 맛난 바지락칼국수가 되지요. 국 요리에 떡, 면, 수제비 등을 넣어 일품요리를 완성해보세요.

온 가족
일품요리로
OK!

아기만둣국

면역력 향상, 성장발육

만두는 손이 많이 가는 음식이지만, 입맛이 없거나 밥을 잘 안 먹는 아이에게 특식으로 해주면 좋은 요리입니다.
아이 입에 맞는 크기로 만두를 빚어 작고 앙증맞은 아기만둣국을 만들어보세요. 속재료 역시 다양하게 넣을 수 있으며,
국이나 찐만두로 활용할 수 있습니다. 한꺼번에 많이 만들어서 냉동보관해놓고 이용하면 편리합니다.

☆ 국물 : 멸치다시마육수 400ml
　 (약 2+1/4컵)
☆ 양념 : 국간장 약간,
　 소금 한꼬집

만두피
생수 100ml (약 1/2컵),
밀가루 100g (약 6+2/3큰술)

만두소
다진 쇠고기 80g (약 5+2/3큰술),
다진마늘 3g (약 1작은술),
양파즙 10g (약 2/3큰술),
두부 50g (약 3+1/3큰술),
양파 15g (약 1큰술),
애호박 10g (약 1큰술),
참기름 약간,
소금 한꼬집

1

2

3

4

5

1 [만두피] 그릇에 밀가루와 생수를 넣고 반죽해서 치댄다. 반죽이 완성되면 냉장고에 넣어 30분 정도 숙성시킨다.

반죽을 냉장고에서 숙성시키면 더욱 쫄깃해지고 밀가루 특유의 향이 사라진다. 바쁘면 시판 만두피를 이용한다.

2 [만두소] 쇠고기는 찬물에 30분 정도 담가 핏물을 뺀 다음 약불에 5분 정도 익혀서 다진마늘, 양파즙으로 버무린다. 두부는 베보자기에 넣고 물기를 짠 다음 으깬다. 양파와 애호박은 깨끗이 손질한 다음 다진다. 모든 재료를 섞고 참기름, 소금으로 간한다.

3 만두피에 만두소를 넣고 만두를 빚는다.

4 멸치다시마육수를 끓인 다음 만두를 넣고 중불에서 10분간 끓인다.

멸치다시마육수 만드는 법은 42쪽 참고, 육수는 사골육수(171쪽 참고)로 대신해도 좋다.

5 끓어오르면 국간장, 소금으로 간을 맞춘다.

가족밥상활용법
아이용은 아이가 한입에 먹을 수 있도록 작게, 어른용은 크게 만든다. 어른용으로 김치를 넣어 칼칼하게 만들어도 좋다.
온 가족이 모여 만두를 빚어보자. 함께 만든 만두를 찜통에 쪄서 찐만두로 먹어도 맛있다.

잘 한 만 요

만두소 밀가루 반죽 노하우
밀가루를 많이 치댈수록 글루텐 성분이 결합되어 더 쫄깃하고 맛있는 반죽이 됩니다. 반죽이 잘 안 될 때는 소금과 식용유를 한두 방울 떨어뜨려 섞은 다음 질척이지 않게 물을 조금씩 부어가면서 치대면 됩니다.

만두 냉동보관법
만두를 만든 다음 쟁반에 겹치지 않게 잘 정열해서 놓고 곧바로 냉동실에 넣어 2시간 정도 얼립니다. 그러면 만두가 서로 붙지 않고 모양도 눌리지 않은 채 그대로 얼릴 수 있어요. 그런 다음 하나씩 비닐팩에 밀봉해서 냉동보관하면 오래 두고 먹을 수 있습니다.

김치만두로 응용
김치를 물에 헹궈 고춧가루를 털어내고 잘게 다진 다음 만두소에 추가하면 김치만두를 만들 수 있습니다. 물론 어른용 김치만두는 고춧가루를 따로 털어내지 않아도 됩니다.

머리가
똑똑해져요

애호박새우탕

골다공증 예방, 심혈관질환 예방, 두뇌발달

새우에는 다량의 칼륨이 들어 있어서 이뇨작용을 통해 체내의 노폐물과 독소를 배출해주고
필요 이상의 나트륨을 몸 밖으로 배출시켜 나트륨을 적정 수치로 유지해 심혈관질환을 예방해줍니다.
또한 껍질에 키토산 성분이 많아 뇌기능을 활성화시키므로 두뇌발달에도 좋습니다.

양파 10g (약 2/3큰술),
애호박 20g (약 2큰술),
두부 20g (약 1+1/3큰술),
새우 30g (약 3큰술),
달걀 30g (약 1/2개)

☆ **국물 : 새우다시마육수** 400ml
　　(약 2+1/4컵)

☆ **양념 : 국간장** 약간,
　　소금 한꼬집

1 양파, 애호박, 두부를 1cm로 깍둑썬다.

2 새우는 소금물에 흔들어 씻은 다음 머리를 떼
어낸다. 껍질을 벗긴 다음 이쑤시개를 이용해
등에 있는 내장을 제거하고 꼬리를 떼어낸다.
1cm로 깍둑썬다.

시중에서 판매하는 새우 중 껍질을 제거한 새우를 구입하면
편리하다.

3 새우다시마육수를 끓인 다음 새우와 다시마는
건져낸다.

새우다시마육수 만드는 법은 아래 〈잠깐만요〉 참고

4 새우다시마육수에 새우, 애호박, 양파를 넣
고 센불에서 10분간 끓인다. 약불로 낮추고
두부를 넣은 다음 달걀을 풀어서 넣고 5분간
끓인다.

5 국간장, 소금으로 간한다.

잠깐만요

새우다시마육수 만들기

재료 : 새우 머리, 마른다시마 5×5cm 1장, 생수 600ml
(약 3+1/3컵)

❶ 마른다시마는 찬물에 30분 정도 담가둔다.
❷ 냄비에 생수를 붓고 새우 머리와 불린 다시마를 넣고 끓인다.
❸ 끓어오르면 중불로 낮춰 5분간 끓인 다음 다시마는 건져낸다.
❹ 중불에서 10분 정도 더 끓인 다음 새우 머리도 건져낸다.

싱싱한 새우 고르기

몸이 투명하고 윤기가 나며 껍질이 단단한 것이 싱싱한 새우입니다. 시중에 많이 판매되는 새
우는 다음과 같습니다.

· **흰다리새우** : 양식 대하
· **칵테일새우** : 익힌 새우의 머리와 껍질을 제거
· **백새우살** : 익히지 않은 하얀색 새우의 머리와 껍질을 제거
· **홍새우살** : 익히지 않은 붉은색 새우의 머리와 껍질을 제거

넷째 마당

영양밥

생후 15개월~7세

영양밥 :
생후 15개월
~7세

베베쿡
인기,
첫 영양밥

새우볶음밥

성장촉진, 면역력 강화, 스트레스 해소

아이들이 좋아하는 새우에 알록달록 빨강, 노랑 옷을 입은 파프리카가 어우러져 맛과 색깔 모두 아이들 입맛을
사로잡는 메뉴입니다. 자극적이지 않은 맛으로, 처음 영양밥을 먹기 시작할 때 아이가 거부감 없이 잘 먹는 메뉴입니다.

밥 90g (약 6큰술),
새우살 30g (약 3큰술),
노랑파프리카 5g (약 2/3큰술),
빨강파프리카 5g (약 2/3큰술),
양파 20g (약 1+1/2큰술),
감자 20g (약 2큰술),
돼지호박 20g (약 2큰술)
☆ **기름 :** 현미유 약간
☆ **양념 :** 실파 약간,
　　　다진마늘 약간,
　　　소금 한꼬집

1 새우는 깨끗이 손질한 다음 1cm로 깍둑썬다.
　새우 손질하는 법은 아래 〈잠깐만요〉 참고

2 실파는 송송썬다. 파프리카는 둘 다 1cm로 채
　썬다. 양파, 감자, 돼지호박은 손질해 1cm로
　깍둑썬다.
　고단백, 저칼로리인 새우는 채소에 부족한 단백질을 보충해
　주므로 채소와 함께 먹으면 좋다.

3 프라이팬에 현미유를 두르고 돼지호박, 감자,
　양파를 넣고 중불에서 10분간 볶으면서 익힌
　다. 투명해지기 시작하면 새우와 다진마늘을
　넣고 5분간 익힌다.

4 재료들이 어느 정도 익으면 약불로 줄이고 밥
　과 파프리카를 넣는다. 소금으로 간을 맞추고
　5분간 볶다가, 실파를 넣고 마무리한다.

가족밥상활용법

어른들 역시 이대로 먹어도 좋지만,
좀 심심하다고 느껴지면 굴소스를 넣어
마무리해보자. 좀더 감칠맛이 날 것이다.

잠깐만요

새우 손질하기
❶ 새우는 소금물에 흔들어
씻은 다음 머리를 떼어
낸다.
❷ 껍질을 벗긴다.
❸ 이쑤시개를 이용해 등에
있는 내장을 제거한다.
❹ 꼬리를 떼어낸다.

좋은 파프리카 고르기
파프리카는 예쁘게 생긴 것이 정말 좋은 파프리카입니다. 색이 선명하고 윤기가 나며 흠집이 없고 꼭지 부분이
녹색이면서 싱싱한 것을 고릅니다.

• **빨강파프리카** : 초록파프리카에 비해 비타민 C가 2배 더 많이 들어 있으며, 리코펜 성분이 노화와 질병을 유
　발하는 활성산소 생성을 억제하고 성장촉진, 면역력 강화, 골다공증 예방에 효과적입니다.
• **주황파프리카** : 멜라닌 색소 생성을 억제해서 미백효과가 있고 비타민 A, 인, 칼륨이 풍부하며 눈 건강과 감
　기 예방, 아토피에도 효과가 있습니다.
• **노랑파프리카** : 피로회복과 스트레스 해소에 좋고, 피라진 성분이 혈액응고를 막아주며, 고혈압과 심혈관계
　질환 등에 좋은 효과가 있습니다.

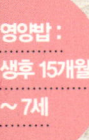

영양밥 :
생후 15개월
~7세

중화풍
영양밥

마파두부덮밥

골다공증 예방, 변비 예방, 심장병 예방

두부의 단백질에는 리이신이 풍부하게 함유되어 있습니다. 다른 곡류에 결핍되어 있는 필수아미노산이 골고루 들어 있어서, 필수아미노산이 결핍된 식품들과 같이 먹으면 영양가 면에서 효율적입니다. 예를 들어 두부와 쌀밥 1공기를 함께 먹으면 두부와 밥을 따로 먹었을 때보다 약 32%의 단백질을 더 많이 섭취할 수 있습니다.

밥 90g (약 6큰술),
다진 돼지고기 20g (약 1+1/3큰술),
홍피망 5g (약 2/3큰술),
청피망 5g (약 2/3큰술),
양파 10g (약 2/3큰술),
두부 60g (약 4큰술),
실파 약간

☆ 국물 : 다시마육수 100ml (약 1/2컵 +
2/3큰술),

☆ 가루 : 감자전분 2g (약 1/2작은술)

☆ 기름 : 현미유 약간

☆ 양념 : 소금 한꼬집,
굴소스 1.5g (약 1/3작은술),
두반장 2g (약 1/2작은술)

돼지고기 재우기

생파인애플 약간,
청주 약간,
다진마늘 약간,
흰후춧가루 한꼬집,
참기름 약간

1 돼지고기는 찬물에 30분 정도 담가 핏물을 뺀
다음, 분량의 양념에 재워둔다.

고기 분량이 적다면 20분 정도만 담가두어도 무방하다. 키친
타월을 덮어두면 체에 받치는 것보다 더 빨리 물기를 뺄 수
있다.

2 실파는 송송썬다. 피망과 양파는 다진다. 두부
는 1cm로 깍둑썰어서 소금을 살짝 뿌린 다음
물기를 뺀다.

두부는 체에 받쳐놓아 물기를 뺀다. 혹은 키친타월을 깔고 두
부를 겹치지 않게 놓은 다음 다시 키친타월을 위에 덮어 전
자레인지에 3분 정도 돌리면 물기를 쉽게 제거할 수 있다.

3 프라이팬에 현미유를 두르고 양파를 넣고 볶
다가 돼지고기를 넣고 센불로 5분간 볶는다.
중불로 줄이고 굴소스와 두반장을 넣고 10분
간 볶는다.

4 약불로 줄이고 다시마육수와 두부, 피망, 실파
를 넣고 10분간 끓인다. 감자전분을 물과 1:1
비율로 풀어서 넣어 걸쭉하게 만든다.

다시마육수 만드는 법은 42쪽 참고.

5 완성된 마파두부를 밥 위에 얹는다.

잠깐만요

**굴소스 없으면 간장
으로 대체**

굴소스는 생굴을 소금물에 담가
발효시킨 농축액에 설탕, 전분,
조미료 등을 첨가해 걸쭉한 액체
로 만든 것입니다. 독특한 향과
달콤한 맛 때문에 조금만 넣어도
요리의 풍미를 높이고 감칠맛을
더해줍니다. 굴소스가 없으면 간
장으로 대체할 수 있습니다.

잠깐만요

두반장 만들기

두반장은 홍고추, 소금, 발효시킨 잠두로 만든 장으로, 걸쭉하고 풍미가 강합니다. 다음은 두반장 250g을 만드는 방법입니다.

재료: 된장 20g(약 1큰술 + 1작은술), 말린고추 30g(6컵), 다진마늘 15g(약 1큰술), 식초 22g(약 1+1/1큰술), 청주 15g(약 1큰술), 액젓 15g(약 1큰술), 설탕
15g(약 1큰술), 국간장 3g(약 1/5큰술)

❶ 말린고추에 생수를 부어 불려둔다.
❷ 국간장을 뺀 나머지 재료를 모두 믹서기에 넣고 고추 입자가 보일 정도까지 간다.
❸ 국간장으로 간한다.

뼈 튼튼
한그릇밥!

닭가슴살채소덮밥

항암효과, 세포생성, 면역력 강화

닭가슴살은 지방 함량이 거의 없고 단백질이 풍부합니다. 그래서 칼로리는 낮고 맛은 아주 담백한 식재료입니다.
하지만 백색근섬유로만 구성되어 있어서 조리시 쉽게 퍽퍽해질 수 있으므로 주의해야 합니다.
좀더 부드러운 질감을 원한다면 닭가슴살 부위 말고 안심 부위를 선택하면 됩니다.

밥 90g (약 6큰술),
닭가슴살 45g (약 3큰술),
양파 10g (약 2/3큰술),
청경채 15g (약 1큰술),
느타리버섯 15g (약 2큰술)

☆ 국물 : 닭고기육수 100㎖ (약 1/2컵 +
    2/3큰술)

☆ 기름 : 현미유 약간

☆ 양념 : 실파 약간,
    간장 5g (약 1작은술),
    올리고당 약간

닭고기 밑간

청주 2g (약 1/2작은술),
생강즙 약간,
다진마늘 약간,
흰후춧가루 한꼬집

1 닭고기육수를 낸 다음 닭가슴살만 건져서 잘
게 찢고 분량의 양념으로 밑간한다.

닭고기육수 만드는 법은 43쪽 참고. 닭비린내를 없애기 위해
조리 전에 우유에 30분 정도 담가두면 좋다.

2 양파는 깨끗이 손질해 1cm로 나박썬다. 실파
는 송송썬다. 청경채는 손질해서 끓는 물에 넣
고 중불로 1분간 데친 다음 1cm로 나박썬다.
느타리버섯은 세로로 찢은 다음 1cm 길이로
자른다.

3 프라이팬에 현미유를 두르고 중불에서 양파를
5분간 볶는다. 닭고기육수를 붓고 닭가슴살,
청경채, 느타리버섯을 넣은 다음 간장, 올리고
당으로 간하고 10분간 끓인다.

4 어느 정도 익으면 약불로 낮춘 다음 마지막으
로 실파를 넣는다.

5 밥 위에 소스를 얹는다.

가족밥상활용법

기호에 따라 4번 단계에서 달걀을 풀어도 좋다.
혹은 밥 대신 굵은 쌀국수를 함께 볶아도
맛있다.

잠깐만요

청경채의 효능

청경채는 비타민 A, C가 풍부해서 나빠진 시력을 회복시켜주거나 야맹증 같은 증상에 도움을 줍니다. 그리고 감기처럼 간단한 면역체계 이상 질
환에 효과를 볼 수 있습니다. 또한 청경채에는 칼슘이 들어 있어서 뼈를 건강하게 해주므로 성장기 어린이들에게 좋은 식재료입니다.

해물토마토덮밥

피부미용, 시력향상, 심혈관질환 예방

토마토는 생으로 먹는 것보다 삶아 먹거나 뜨거운 열을 가한 뒤 먹으면 영양성분이 농축되어 소량만 먹어도 좋은 효과를 볼 수 있습니다. 토마토의 붉은색 성분인 리코펜은 열에 강합니다. 토마토는 열을 가하면 단맛이 더 강해져 신맛을 싫어하는 아이도 거부감 없이 먹을 수 있습니다.

새콤달콤 건강식

밥 90g (약 6큰술),
오징어 15g (약 1큰술),
새우살 30g (약 3큰술),
토마토 40g (약 4큰술),
돼지호박 15g (약 1+1/2큰술),
양파 15g (약 1큰술),
시금치 15g (약 1큰술)

☆ 기름 : 현미유 약간

☆ 양념 : 실파 약간,
　　　　토마토케첩 5g (약 1작은술)

새우, 오징어 재우기

청주 약간,
생강즙 약간,
다진마늘 약간,
흰후춧가루 한꼬집

1 새우는 손질한다. 오징어는 껍질을 벗겨 손질한다. 오징어와 새우를 양념에 재워둔다.

새우 손질하는 법은 183쪽 참고. 물오징어는 껍질이 질겨서 아이가 잘 씹어 삼키지 못하므로 껍질을 제거한다. 참고로, 말린 오징어 표면의 하얀색 가루는 타우린 성분이므로 그대로 먹는다.

2 토마토는 꼭지 반대편에 열십자로 칼집을 낸 다음 뜨거운 물에 1분 정도 데친다. 꼭지를 따고 껍질을 벗겨서 0.5cm로 깍둑썬다. 썰면서 나오는 즙은 버리지 말고 같이 사용한다.

토마토를 너무 오래 데치면 다 뭉그러져버리므로 1분 정도만 살짝 데친다.

3 실파는 송송썬다. 돼지호박, 양파는 깨끗이 손질해 0.5cm로 깍둑썬다. 시금치는 끓는 물에 소금을 약간 넣고 중불에서 1분간 살짝 데친 다음 찬물에 헹궈 물기를 꼭 짜고 1cm로 썬다.

시금치를 데치자마자 찬물에 헹궈야 색이 선명하고 물러지지 않는다.

4 프라이팬에 현미유를 두르고 돼지호박과 양파를 넣고 중불에서 10분간 볶는다. 반 정도 익으면 오징어와 새우를 넣고 10분간 볶는다.

오징어는 너무 익히면 질겨지므로 장시간 볶지 않는다.

5 약불로 줄이고 시금치, 토마토, 토마토케첩을 넣고 5분간 볶는다. 실파를 넣고 마무리한다.

6 밥 위에 소스를 얹는다.

가족밥상활용법

소스를 얹어 덮밥으로 먹어도 좋지만, 다시마육수(42쪽 참고)를 추가하고 밥과 소스를 함께 섞은 다음 치즈를 얹어 오븐에 구우면 리소토로도 만들 수 있다.

잠깐만요

채소 데친 후 냉동 보관법

채소를 데칠 때는 색을 유지하기 위해 소금을 같이 넣습니다. 시금치나 브로콜리 같은 녹색채소는 소금을 넣고 데치고, 버섯이나 토마토, 양배추, 호박 등은 그냥 데치거나 삶아요. 데친 채소는 재빨리 찬물에 헹궈 물기를 꼭 짠 다음 한 번 먹을 만큼의 양으로 지퍼백에 나누어 담아 냉동보관하면 약 3개월까지 두고 먹을 수 있습니다. 냉동한 채소를 구입했을 때는 해동시키지 말고 바로 끓는 물에 넣어줘야 섬유질이 질겨지는 것을 방지할 수 있습니다.

매콤달콤
별미밥

제육볶음덮밥

피로회복, 빈혈 예방, 성장발달

돼지고기는 그 어떤 고기보다 단백질이 많고 비타민 B1 함량이 풍부해 피로회복을 돕고,
두통이나 스트레스를 완화시키는 데 많은 도움을 줍니다. 돼지고기 기름의 지방산은 스테아르산이 적고
올레산, 리놀레산 등 고도불포화지방산이 많이 포함되어 있어서 녹는 점이 낮고 식감이 좋습니다.
또한 필수지방산인 비타민 F가 함유되어 있어서 뇌기능이 활발하도록 도와주고, 뇌질환의 확률도 낮춰줍니다.

밥 90g (약 6큰술),
돼지고기(등심 슬라이스) 40g (약
2+2/3큰술),
양배추 15g (약 1+1/2큰술),
양파 30g (약 2큰술),
실파 약간

☆ 기름 : 현미유 약간

돼지고기 재우기

청주 약간,
다진마늘 약간,
흰후춧가루 한꼬집

돼지고기 양념장

생파인애플 2g (약 1/2작은술),
간장 2g (약 1/2작은술),
올리고당 약간,
고추장 약간,
고춧가루 한꼬집,
참기름 약간

가족밥상활용법

제육볶음용 돼지고기 양념장을
만들 때 어른용은 고추장과
고춧가루를 더 추가해서
따로 만들어놓으면 편리하다.
기호에 따라 청양고추를 넣어
매콤하게 먹어도 좋다.
제육볶음용 매콤 양념장은
137쪽 참고.

1 돼지고기는 불고기용으로 준비한다. 찬물에
30분 정도 담가 핏물을 뺀 다음, 1cm로 나박썰
어 양념에 재워둔다.

돼지고기 불고기용은 지방이 적고 부드러운 등심, 전지 부위
를 사용한다.

2 실파는 송송썬다. 양배추와 양파는 깨끗이 손
질해 1cm로 나박썬다.

3 양념장을 만들어 돼지고기에 버무린다.

4 프라이팬에 현미유를 두르고 돼지고기를 넣고
중불에서 10분간 볶는다. 반쯤 익으면 양파,
양배추를 넣고 볶는다. 약불로 낮추고 실파를
넣고 5분간 볶는다.

5 밥 위에 소스를 얹는다.

잠깐만요

돼지고기와 채소의 궁합

다음은 돼지고기와 같이 먹으면 좋은 채소들입니다.

- **호박** : 돼지고기의 단백질과 비타민 A의 섭취를 높여준다.
- **표고버섯** : 콜레스테롤의 흡수를 억제해주고 돼지고기의 잡냄새를 줄여준다.
- **부추** : 부추는 따뜻한 성질을 가진 식재료라서 차가운 성질의 돼지고기와 잘 어울린다.
- **양파, 마늘** : 알리신, 황화아릴 등의 성분이 돼지고기에 풍부한 비타민 B1의 활성화를 돕는다.

돼지고기 부위별 적합한 요리

- **안심** : 구이, 돈가스
- **등심** : 돈가스, 불고기
- **목심** : 구이, 수육, 불고기
- **갈비** : 구이, 찜
- **삼겹살** : 구이, 수육
- **앞다리살** : 찌개, 불고기, 육가공품
- **뒷다리살** : 수육, 장조림, 햄

아기영양밥

면역력 강화, 두뇌발달, 기력회복

말 그대로 영양이 듬뿍 들어간 영양밥입니다. 영양가는 있지만 평소에 아이가 싫어하던 재료를 쌀과 함께 넣어 밥을 지으면 의외로 잘 먹는 모습을 볼 수 있습니다. 소개한 재료 외에도 연근, 대추, 버섯 등 다양한 식재료를 가지고 영양밥을 지을 수 있습니다.

아기 특별
보양식

우엉채 15g (약 1큰술),
단호박 15g (약 1+1/2큰술),
고구마 15g (약 1+1/2큰술),
깐밤 15g (약 1+1/2큰술),
당근 7g (약 2/3큰술),
잣 2g (약 1/2작은술)
☆ 국물 : 다시마육수 135ml (약 3/4컵)
☆ 양념 : 소금 한꼬집

밥 짓기

불린 쌀 30g (약 2큰술),
불린 찹쌀 12g (약 4/5큰술),
현미 6g (약 2/5큰술),
흑미 6g (약 2/5큰술),
차조 5g (약 1작은술)

식촛물

생수 600ml (약 3+1/3컵),
식초 3g (약 1/5큰술)

잠깐만요

우엉의 효능

우엉은 섬유질을 풍부하게 함유
하고 있어서 장을 자극해 노폐물
을 배출해주어 변비에 좋습니다.
칼슘 또한 풍부하게 함유하고 있
어 성장기 어린이의 발육에 도움
을 줍니다.

잠깐만요

**우엉을 활용한 우엉
찹쌀구이**

재료 : 우엉 35g(2+1/2큰술),
유자청 10g(2작은술), 찹쌀가루
10g(2/3큰술), 식초 약간, 현미
유 약간

❶ 우엉은 껍질을 벗겨 얇게 어슷
  썬 다음 식초를 탄 끓는 물에
  데친다.
❷ 찹쌀가루와 생수를 섞어 묽은
  반죽을 만들고 우엉에 옷을 입
  힌다.
❸ 프라이팬에 현미유를 두르고
  약불에서 앞뒤로 노릇하게 굽
  는다.
❹ 유자청에 찍어 먹는다.

1 쌀과 잡곡은 찬물에 담가 충분히 불린다.

흑미를 비롯한 잡곡은 백미보다 더 오래 불려야 한다. 일반적
으로 백미는 30분 정도 불려서 물을 1:1 비율로 넣지만, 잡곡
은 30분~1시간 불리고 물을 좀더 넉넉하게 넣어야 한다.(77
쪽 참고)

2 우엉은 껍질을 벗겨 얇게 채썬 다음 식촛물에
넣고 중불로 20분간 삶는다.

우엉 껍질은 채칼로 벗기거나 칼등으로 살살 벗기면 된다.

3 단호박은 껍질을 벗기고 씨를 긁어낸 다음
0.5cm로 깍둑썬다. 고구마와 밤도 껍질을 벗
기고 같은 크기로 깍둑썬다. 당근은 채썬다.
잣은 고깔을 떼어낸다.

4 잡곡과 단호박, 고구마, 밤, 당근을 넣고 소금
으로 간한 다음 밥을 안친다. 물은 다시마육수
를 사용한다. 센불에서 시작해서 끓어오르면
바로 중불로 줄여 10분간 끓인다.

다시마육수 만드는 법은 42쪽 참고. 채소에서 수분이 나올 것
을 감안해 일반적인 경우보다 물을 좀 적게 잡아야 한다. 그
리고 영양밥은 두껍고 깊은 냄비에 짓는 것이 맛있다.

5 물이 거의 다 없어지면 약불로 줄여서 10분간
끓인 다음, 우엉과 잣을 넣고 뜸을 들인다.

전기밥솥에 재료를 모두 넣고 잡곡 모드를 선택해 취사를 진
행해도 되지만 여기 나온 대로 솥에 조리하는 것이 맛이 더
좋다.

6 그릇에 담아 낸다.

가족밥상활용법

아기영양밥은 어른들이 먹기에도 좋다.
기호에 따라 굴과 명란 등을 추가로 넣어
조리하면 어른들 입맛에도 그만이다.
국와 반찬을 함께 내고, 엄마아빠가 아기와 같은
음식을 먹으며 공감을 나눠보자.

백김치볶음덮밥

영양밥 :
생후 15개월
~ 7세

정장작용, 감기 예방, 항산화작용

일반 김치는 소금과 고춧가루가 대량 들어가 있어 아이가 먹기에 맵고 짜서 김치를 처음 접하는 아이는 거부반응을 많이 보입니다.
이럴 때는 아이가 먹기 좋은 백김치를 따로 담아 깔끔하고 담백한 맛으로 김치에 적응시키고,
점차 일반 김치에 익숙해지도록 하는 것이 좋습니다. 여기서는 백김치를 볶아 토마토케첩으로 간을 맞췄습니다.
신맛이 있기는 하지만 매운맛을 줄여 아이들이 잘 먹는 덮밥을 완성했습니다.

입맛
돋우는
영양식

밥 90g (약 6큰술),
돼지고기(슬라이스) 25g (약 1+2/3큰술),
백김치 75g (약 5큰술),
홍피망 3g (약 1/2큰술),
양파 20g (약 1+1/2큰술)

☆ 기름 : 들기름 약간
☆ 양념 : 실파 약간,
　　　　토마토케첩 5g (약 1작은술)

돼지고기 재우기

생파인애플 2g (약 1/2작은술),
청주 2g (약 1/2작은술),
생강즙 약간,
다진마늘 약간,
흰후춧가루 한꼬집

잘 알 아 요

두고두고 먹는 백김치 담기

재료 : 배추 1포기, 천일염 250g(16큰술 + 1작은술), 천일염 30g(2큰술), 찹쌀가루 10g(2/3큰술), 마늘 30g(2큰술), 생강 20g(1큰술 + 1작은술), 무 300g(30큰술), 배 200g(30큰술), 쪽파 30g(4큰술), 미나리 50g(7큰술)

❶ 배추는 겉잎을 제거하고 4등분으로 가른 다음 천일염 250g을 탄 물에 절여둔다.
❷ 찹쌀가루와 생수를 1 : 1로 섞어서 찹쌀풀을 만든다.
❸ 마늘과 생강은 갈아서 다시팩에 넣는다.
❹ 약 1시간 뒤 배추를 꺼내 헹궈서 체에 받쳐 물기를 뺀다.
❺ 무와 배는 얇게 채썬다. 쪽파와 미나리는 손질해서 2cm로 자른다.
❻ 채소에 천일염 30g을 넣고 버무린 다음 배추 안쪽에 넣어 잘 감싼다. 김치가 잠길 정도로 생수를 붓는다.
❼ 찹쌀풀과 다시팩을 넣고 숙성시킨다.

1 백김치는 잘 숙성된 것을 사용한다. 국물을 따라낸 다음 1cm로 나박썬다. 이때 무채, 양념도 같이 썬다. 만약 백김치 안에 홍고추가 들어 있다면 뺀다.

2 돼지고기는 찬물에 30분 정도 담가 핏물을 뺀 다음, 양념에 재워둔다.

3 실파는 송송썬다. 홍피망은 0.5cm로 다진다. 양파는 1cm로 나박썬다.

4 프라이팬에 들기름을 두르고 돼지고기, 양파를 넣고 볶다가 백김치를 넣는다. 중불에서 10분간 볶는다.

김치를 볶을 때는 참기름이나 들기름으로 볶아야 더 고소하다.

5 약불로 줄이고 홍피망과 토마토케첩을 넣는다. 실파를 넣고 마무리한다.

6 밥 위에 소스를 얹는다.

집중력 향상, 탈모 예방, 항산화작용

달걀은 생명을 유지하는 데 필요한 영양소를 모두 가지고 있기 때문에 완전식품이라고 알려져 있습니다.
각종 단백질이 풍부하게 들어 있어서 성장기 아이들에게 좋은 것은 물론, 달걀에 있는 레시틴은 기억의 저장과 재생에
필요한 신경신호를 전달하는 데 꼭 필요한 성분이라서 기억력 증진과 뇌 건강에 도움을 줍니다. 여기에 베이컨을 함께 볶아
곁들이면 아이들 입맛을 잡는 한그릇 밥상이 완성됩니다.

아이들
입맛
건강식

달걀베이컨덮밥

밥 90g (약 6큰술),
베이컨 20g (약 1+2/3큰술),
양파 20g (약 1+1/3큰술),
시금치 7g (약 1/2큰술),
애호박 15g (약 1+1/2큰술),
당근 6g (약 1/2작은술),
달걀 25g (약 1/2개)

☆ **국물 : 다시마육수 100ml** (약 1/2컵 + 2/3큰술)

☆ **가루 : 감자전분 2g** (약 1/2작은술)

☆ **양념 : 간장 약간,
다진마늘 약간**

1 베이컨은 끓는 물에 30초 정도 살짝 데쳐서 짠기를 뺀 다음 1cm로 나박썬다.

2 양파는 1cm로 나박썬다. 시금치는 끓는 물에 30초 정도 데친 다음 1cm로 나박썬다. 애호박, 당근은 1cm로 채썬다.

3 냄비에 다시마육수를 붓고 당근, 애호박을 넣고 센불에서 10분간 끓인다. 반 정도 익었을 때 양파, 베이컨을 넣고 약불로 줄여 10분간 끓인다. 시금치를 넣는다.

다시마육수 만드는 법은 42쪽 참고.

4 달걀을 풀어서 넣고 다진마늘, 간장으로 간한다.

5 감자전분을 생수에 1:1 비율로 푼 다음 넣어서 걸쭉하게 만든다.

6 밥 위에 소스를 얹는다.

잠깐만요

베이컨을 데치는 이유

베이컨은 물에 한 번 데쳐서 먹이면 15개월 이후부터 아이에게 먹일 수 있습니다. 먹이기 전 물에 데치는 이유는 식품첨가물을 씻어내려는 이유가 있습니다. 오래 데치는 것은 아니기 때문에 영양소 손실은 별로 없어요.

뿌리채소영양밥

항암효과, 변비 개선, 나트륨 배출

연근, 당근, 우엉처럼 뿌리 자체를 먹는 채소를 뿌리채소라고 부릅니다. 뿌리채소는
독특한 향과 맛을 가진 것들이 많아서 싫어하는 사람도 있습니다. 하지만 익히면 부드럽고
달콤한 맛을 내는 것들은 아이들이 먹기에 부담이 전혀 없습니다. 뿌리채소를 꾸준히 먹으면
체온 상승에 도움이 됩니다. 체온 상승은 암 예방에 도움이 되므로 뿌리채소를 자주 먹으면 항암효과가
있습니다. 뿌리채소로 만든 반찬과 영양밥을 아이에게 자주 먹여주세요.

따뜻한
기운 보충

밥 90g (약 6큰술),
연근 15g (약 1+1/2큰술),
우엉 15g (약 1+1/2큰술),
감자 20g (약 2큰술),
고구마 20g (약 2큰술),
당근 10g (약 1큰술)

☆ 국물 : 다시마육수 100ml (약 1/2컵 + 2/3큰술)

☆ 가루 : 감자전분 2g (약 1/2작은술),
마가루 한꼬집, 참깨가루 한꼬집
검은깨가루 한꼬집,

☆ 양념 : 잣 약간

식촛물

생수 600ml (약 3+1/3컵),
식초 3g (약 1/5큰술)

양념장

생강즙 약간, 다진마늘 약간,
소금 한꼬집

잣의 효능

잣은 고혈압, 동맥경화, 콜레스테롤 완화에 효과가 좋습니다. 노화방지, 피부미용, 두뇌발달, 치매 예방, 감기·변비 예방에도 좋습니다. 잣의 꼭지 부분에는 검은 티처럼 고깔(씨눈덮개)이 있는데, 손으로 잡아당기면 쉽게 빠집니다. 식감을 좋게 하고 고명으로 올렸을 때 깨끗하게 보이도록 고깔을 떼어냅니다.

마의 효능

마에는 비타민 B, B2, C, 사포닌 등의 성분이 함유되어 있습니다. 마의 끈끈한 점액질에는 소화효소와 단백질의 흡수를 돕는 뮤신 성분이 들어 있어서 소화력을 높이는 데 좋습니다. 마가루 대신 마즙을 넣어도 되지만, 생마는 알레르기를 유발할 수 있으므로 조금씩 먹여본 후에 먹이는 것이 좋습니다.

1 연근과 우엉은 껍질을 벗겨 채썬 다음 식촛물에 넣고 중불에서 30분간 삶는다.

2 감자, 고구마, 당근은 깨끗이 손질해 채썬다.

3 다진마늘, 생강즙, 소금을 섞어 미리 양념장을 만들어둔다.

4 냄비에 다시마육수를 붓고 감자, 고구마, 당근을 넣고 끓이다가 연근과 우엉을 넣는다. 만들어둔 양념장을 넣는다. 중불에서 20분간 끓인다.

다시마육수 만드는 법은 42쪽 참고.

5 감자전분을 생수에 1:1 비율로 푼 다음 넣어서 걸쭉하게 만든다. 잣, 마가루, 참깨가루, 검은깨가루를 넣어 마무리한다.

통깨는 생후 6개월부터 먹일 수 있다. 깨가루를 넣으면 맛이 더욱 고소해진다. 마가루는 시판하는 것을 활용하고, 없으면 생략해도 무방하다.

6 밥 위에 소스를 얹는다.

베베쿡
인기
영양밥

닭고기바비큐덮밥

항암효과, 세포생성, 면역력 강화

부드러운 닭가슴살에 우스터소스토 감칠맛을 더한 덮밥 메뉴로, 베베쿡 인기 영양밥입니다. 아이들이 잘 먹어서 엄마들이 무척 좋아
해요. 짭조름한 우스터소스는 소량만 사용해 맛을 잡아주고, 양파와 버섯을 함께 넣고 조리해서 적절한 영양 균형을 맞추었습니다.

밥 90g (약 6큰술),
닭가슴살 40g (약 2+1/3큰술),
양송이버섯 17g (약 2+1/2큰술),
감자 20g (약 2큰술),
양파 15g (약 1큰술),
노랑파프리카 5g (약 2/3큰술),
주황파프리카 5g (약 2/3큰술),
청피망 5g (약 2/3큰술),

☆ 국물 : 닭고기육수 100ml (약 1/2컵 +
2/3큰술)

☆ 기름 : 현미유 약간

☆ 양념 : 간장 약간,
우스터소스 약간,
토마토케첩 2g (약 1/2작은술),
올리고당 2g (약 1/2작은술)

닭고기 재우기

청주 약간,
다진마늘 약간,
흰후춧가루 한꼬집

잠깐만요

**칼로리는 낮고 당도
는 설탕과 비슷한 올리고당**

올리고당은 포도당에 과당이 결
합한 것으로, 설탕과 비슷한 단
맛을 내지만 칼로리는 낮고 충치
예방, 장내 유용세균의 증식인
자, 식이섬유와 유사한 기능이
있습니다. 마트나 슈퍼에서 쉽게
구입할 수 있습니다.

• **프락토올리고당** : 사탕수수,
설탕으로 만든 것
• **이소말토올리고당** : 전분을 분
해해서 만든 것

1 닭고기육수를 낸 다음 닭가슴살만 건져서 1cm
로 깍둑썰어 양념에 재워둔다.

닭고기육수 만드는 법은 43쪽 참고.

2 양송이버섯, 감자는 개끗이 손질해 1cm로 깍
둑썬다. 양파, 파프리카와 피망은 1cm로 나박
썬다.

3 프라이팬에 현미유를 두르고 닭가슴살을 넣고
약불에서 5분간 볶다가, 감자와 양파를 넣고
10분간 볶는다.

4 어느 정도 익으면 닭고기육수를 붓고 간장, 우
스터소스, 토마토케첩, 올리고당을 넣고 중불
에서 5분간 끓인다.

우스터소스가 없으면 굴소스나 간장으로 대체한다.

5 약불로 줄인 다음 양송이버섯, 파프리카, 피망
을 넣고 5분간 조린다.

6 밥 위에 소스를 얹는다.

감기 예방
유아식

굴소스버섯덮밥

면역기능, 혈액생성, 노화방지

버섯은 고단백·저칼로리 식품이면서 각종 영양소가 풍부합니다. 식이섬유가 풍부해 장내 유해물, 노폐물,
발암물질이 배설되도록 하고, 에르고스테롤은 자외선에 의해 비타민 D로 바뀌어 장내의 칼슘 흡수를 돕습니다.
또한 면역기능을 높여 각종 감염이나 암을 예방하는 효능이 있습니다.

밥 90g (약 6큰술),
양송이버섯 20g (약 3큰술),
새송이버섯 25g (약 3+1/2큰술),
청경채 20g (약 1+1/3큰술),
실파 약간

☆ **국물 : 다시마육수 100ml** (약 1/2컵 +
2/3큰술)

☆ **가루 : 감자전분 2g** (약 1/2작은술)

☆ **기름 : 현미유 약간**

☆ **양념 : 굴소스 4g** (약 4/5작은술),
다진마늘 약간,
참기름 약간

1 양송이버섯, 새송이버섯은 깨끗이 손질해 1cm
로 깍둑썬다. 청경채는 손질해서 끓는 물에 30
초 정도 데친 다음 1cm로 나박썬다. 실파는 송
송썬다.

2 프라이팬에 현미유를 두르고 새송이버섯, 양
송이버섯을 넣고 중불에서 5분간 볶는다.

3 다시마육수를 붓고 청경채를 넣고 중불에서
10분간 끓인 다음 다진마늘, 굴소스, 참기름을
넣는다.

다시마육수 만드는 법은 42쪽 참고.

4 감자전분을 생수에 1:1 비율로 푼 다음 넣어서
걸쭉하게 만든다. 실파를 넣고 마무리한다.

5 밥 위에 소스를 얹는다.

가족밥상활용법

밥에 소스를 얹어 먹어도 좋지
만, 색다른 걸 좋아하는 아이들
에게 엄마가 요리하는 동안
주먹밥을 만들라고 해보자.
아이가 원하는 그릇을 선택해서
주먹밥 위에 소스를 부어주면
뚝딱 일품요리가 완성된다.

잠깐만요

굴소스를 활용한 오징어굴소스볶음

굴소스를 활용하면 다양한 볶음 반찬을 만들 수 있습니다. 오징어에 굴소스를 넣어 볶으면 어른들 밥반찬을 뚝딱 만들 수 있어요.

재료 : 오징어 50g(약 3+1/3큰술), 청경채 50g(약 1+1/3큰술), 감자 50g(약 3+1/3큰술), 새송이버섯 40g(약 2+2/3큰술), 생수 100ml(약 1/2컵), 굴소스 4g(약
1큰술), 참기름 약간, **오징어 재우기 양념 :** 청주 약간, 다진마늘 약간

❶ 오징어는 잘게 다져 양념에 재워둔다.
❷ 청경채는 손질해 끓는 물에 30초 정도 데친 다음 1cm로 나박썬다. 감자는 껍질을 벗기고 1cm로 깍둑썬다. 새송이버섯은 1cm로 깍둑썬다.
❸ 냄비에 생수를 붓고 감자와 새송이버섯을 넣고 중불에서 10분간 끓인다. 오징어와 굴소스를 넣고 10분 더 끓인다.
❹ 청경채를 넣고 약불로 줄여 5분간 끓인 다음, 참기름을 넣고 마무리한다.

돼지고기 볶음밥

피로회복, 빈혈 예방, 성장발달

매운 음식을 접하지 않던 아이들도 생후 15개월이 지난 후부터는 조금씩 매운맛이 나는 음식을 접하도록 고추장이나 고춧가루를 소량씩 첨가해 조리하면 좋습니다. 파인애플, 올리고당의 단맛이 매콤한 고추장 맛과 어우러져 자극적이지 않은 매콤달콤한 맛을 느낄 수 있는 메뉴입니다.

성장 쑥쑥
매콤
영양식

밥 90g (약 6큰술),
돼지고기(등심) 35g (약 2+1/3큰술),
양파 15g (약 1큰술),
새송이버섯 20g (약 3큰술),
당근 10g (약 1큰술),
감자 15g (약 1+1/2큰술),
실파 약간
☆ 기름 : 현미유 약간

돼지고기 재우기

청주 2g (약 1/2작은술),
생강즙 약간,
다진마늘 약간,
흰후춧가루 한꼬집

양념장

생파인애플 2g (약 1/2작은술),
간장 약간,
고추장 1.5g (약 1/3작은술),
올리고당 2g (약 1/2작은술)

1 돼지고기는 찬물에 30분 정도 담가 핏물을 뺀
다음, 다져서 양념에 재워둔다.

2 양파는 1cm로 나박썬다. 새송이버섯, 당근, 감
자는 깨끗이 손질해 1cm로 깍둑썬다.

3 양념장을 만들어 돼지고기에 버무린다.

4 프라이팬에 현미유를 두르고 당근, 감자를 넣
고 중불에서 5분간 볶는다. 반 정도 익으면 돼
지고기, 양파, 새송이버섯을 넣고 10분간 볶
는다.

5 밥을 넣고 함께 3분간 볶은 다음 송송썬 실파
를 뿌려 마무리한다.

가족밥상활용법

양배추, 대파 등을 넣고 고추장을 좀더 추가해
조리하면 엄마아빠도 맛있게 먹을 수 있다.
고추장에 들어 있는 전분 때문에 텁텁한 맛이
싫다면 고춧가루를 넣어서 매콤하면서도
깔끔한 맛을 낼 수 있다.

잠깐만요

고기 양념장에 생파인애플 넣는 이유

생파인애플을 소량 넣으면 맛에는 큰 영향을 주지 않고 단맛만 약간 가미할 수 있습니다. 그리고 돼지고기는 아이가 먹기에 질길 수 있으므로 고
기 연육제로 생파인애플을 사용합니다.

짬뽕소스덮밥

혈액순환, 피부미용, 원기회복

새우에는 칼슘이 풍부하게 함유되어 있어 골다공증이나 골연화증 예방에 좋으며, 혈중 콜레스테롤을 떨어뜨리는 타우린이 풍부해 노화방지에도 좋습니다. 또한 전복은 환자에게는 기력을 보충해주고, 어린이에게는 골격 성장, 치아 건강, 성장발육 등에 좋은 효능이 있습니다.

뼈 튼튼
치아 튼튼

밥 90g (약 6큰술),
오징어 15g (약 1큰술),
새우살 20g (약 2큰술),
전복살 5g (약 1작은술),
당근 5g (약 1/2작은술),
머리 뗀 콩나물 10g (약 2큰술),
돼지호박 20g (약 2큰술),
알배추 15g (약 1+1/2큰술),
양파 15g (약 1큰술)

☆ 국물 : 다시마육수 100ml (약 1/2컵 +
2/3큰술)

☆ 가루 : 감자전분 2g (약 1/2작은술)

☆ 기름 : 현미유 약간

☆ 양념 : 간장 약간,
실파 약간

오징어, 새우, 전복 재우기

청주 약간,
생강즙 약간,
다진마늘 약간

1 오징어는 껍질을 벗겨 손질한다. 새우와 전복
도 손질한다. 오징어, 새우, 전복을 함께 잘게
다진 다음 양념에 재워둔다.

새우 손질하는 법은 183쪽 참고.

2 당근은 1cm로 채썬다. 머리를 뗀 콩나물은
1cm 길이로 자른다. 돼지호박은 1cm로 깍둑
썬다. 알배추와 양파는 깨끗이 손질해 1cm로
나박썬다.

콩나물에서 나는 비릿한 맛과 냄새는 콩나물 머리에서 나는
것이므로 머리를 떼어내 비릿함을 제거한다.

3 프라이팬에 현미유를 두르고 채소를 모두 넣
는다. 간장을 약간 넣은 다음 중불에서 10분간
볶는다.

4 채소가 절반 정도 익으면 해산물을 넣고 볶다
가, 다시마육수를 붓고 끓인다.

다시마육수 만드는 법은 42쪽 참고. 해산물을 나중에 넣는 이
유는 너무 오래 익히면 질겨지기 때문이다.

5 약불로 줄인다. 감자전분을 생수에 1:1 비율로
푼 다음 넣어서 걸쭉하게 만든다. 송송썬 실파
를 넣고 마무리한다.

전분은 찬물에 풀어야 뭉치지 않는다.

6 밥 위에 소스를 얹는다.

가족밥상활용법

고추기름과 고춧가루를 추가하면
어른들도 먹기 좋은 얼큰한 짬뽕소스가 된다.
또는 4번 단계가 끝난 다음에 면을 삶아서
부으면 짬뽕이 된다.

한우콩나물국밥

항암작용, 비만 예방, 숙취 해소

콩나물에는 흔히 알고 있는 숙취 해소의 효능 말고도 여러 효능이 있습니다. 인삼에 있는
사포닌이라는 성분이 콩나물에도 들어 있는데, 사포닌은 장 점막에 접촉하는 인체에
유해한 성분에 흡착해 독성을 떨어뜨리는 작용을 합니다. 콜레스테롤 흡수 또한
줄이고 배출을 도와 암 예방과 비만 예방에 도움이 됩니다.

아삭아삭
씹는 맛
일품

밥 90g (약 6큰술),
한우(슬라이스) 35g (약 2+1/3큰술),
무 15g (약 1+1/2큰술),
애배추 25g (약 1+2/3큰술),
머리 뗀 콩나물 25g (약 5큰술)

☆ 국물 : 사골육수 200ml (약 1컵 +
　　1큰술)

☆ 양념 : 실파 약간,
　　새우젓 약간

쇠고기 재우기

청주 약간,
다진마늘 약간,
흰후춧가루 한꼬집

1 쇠고기는 1cm 크기로 나박썰어 찬물에 30분
정도 담가 핏물을 뺀 다음, 양념에 재워둔다.

2 실파는 송송썬다. 무는 1cm로 나박썬다. 애배
추는 손질해서 끓는 물에 데친 다음 1cm로 나
박썬다. 콩나물은 머리를 떼어내고 1.5cm 길
이로 자른다.

콩나물의 비릿한 맛을 제거하기 위해 머리를 떼어낸다. 콩나
물 대신 숙주나물을 넣어도 된다.

3 사골육수를 센불에서 끓인다. 끓기 시작하면
무와 콩나물을 넣고 10분간 끓인다.

사골육수 만드는 법은 171쪽 참고. 레시피 대로 하면 덮밥소
스처럼 국물이 자작해진다. 덮밥을 먹으려면 레시피 대로, 국
밥을 먹으려면 육수를 더 넣어 먹는다.

**한우 대신 새우젓과
궁합 좋은 돼지고기로 대
체 가능**

새우젓은 돼지고기의 누린내를 잡
아주고 소화작용을 도와주어 궁합
이 잘 맞습니다. 기름기 많은 육
류를 먹을 때 새우젓을 같이 먹으
면 좋아요. 그러므로 이 레시피에
서 돼지고기로 대체해도 됩니다.

4 쇠고기와 애배추를 넣고 약불로 줄여서 5분간
끓인다. 새우젓으로 간하고 5분간 끓이다 실
파를 넣고 마무리한다.

국밥 메뉴에 맞춰 새우젓으로 간한다. 새우젓에는 나트륨이
많아 아이가 짤 수 있으니 약간만 넣는다.

5 밥에 국물을 붓는다.

새우젓의 효능

새우젓에는 프로테아제, 리파아제 성분이 함유되어 있어서 육질을 빠르게
분해해 소화를 돕는 역할을 합니다. 새우젓의 베타인 성분은 감칠맛을 내
며, 담즙산의 분비를 촉진하고, 간세포 재생을 돕고
손상을 막으며, 체내 독성물질 배출·해독, 저혈압
개선, 혈압 안정에 좋은 효과가 있습니다.

한겨울 추위를 몰아내주는 얼큰한 국밥

국에 밥을 말아 먹는 것은 좋지 않은 식습관입니다. 하지만 한겨울 몸이 으슬으슬 추울
때 국밥은 몸을 따뜻하게 해주는 효과가 있어요. 어른들이 얼큰한 국밥으로 먹고 싶다
면 따로 다진양념(다대기)를 준비해보세요. 기호에 따라 가감해서 먹으면 됩니다.

다진양념 : 간장 1큰술, 고춧가루 1큰술, 다진마늘 1큰술, 새우젓 건더기 1큰술, 다
진생강 1/2큰술, 후추 한꼬집

한우양송이덮밥

면역력 강화, 변비 예방, 피부미용

돼지호박은 주키니라고도 합니다. 우리나라에서 주로 먹는 돼지호박은 애호박보다 크고 색이 진합니다.
애호박은 껍질이 부드럽고 단맛이 나는 것에 비해, 돼지호박은 껍질이 거칠고 수분이 많은 것이 특징입니다.
돼지호박은 소화흡수가 잘되는 당질과 비타민 A를 많이 함유하고 있으며, 기름에 볶으면 베타카로틴 흡수율을 높일 수 있습니다.
한우와 함께 조리하면 일품요리로 한 끼 해결이 가능합니다.

입맛 쑥쑥
유아식

밥 90g (약 6큰술),
한우(우둔살 슬라이스) 30g (약 2큰술),
양송이버섯 25g (약 3+12/3큰술),
돼지호박 20g (약 2큰술),
양파 10g (약 1/2큰술)

☆ 국물 : 다시마육수 100ml (약 1/2컵 +
　2/3큰술)

☆ 가루 : 감자전분 2g (약 1/2작은술)

☆ 기름 : 현미유 약간

☆ 양념 : 간장 1.5g (약 1/3작은술),
　실파 약간,
　참기름 약간

쇠고기 재우기

생파인애플 약간,
청주 약간,
다진마늘 약간,
흰후춧가루 한꼬집

**쇠고기 부위별 적합
한 요리**

• **목심** : 스테이크, 불고기, 구이
• **등심** : 국, 스튜
• **채끝** : 스테이크, 로스
• **안심** : 스테이크, 로스
• **우둔** : 산적, 장조림, 육포, 불
고기
• **앞다리** : 육회, 스튜, 장조림,
불고기
• **갈비** : 불갈비, 찜, 탕, 구이
• **양지** : 국, 스튜,
• **사태** : 육회, 탕, 스튜, 찜

1 쇠고기는 1cm 크기로 나박썰어 찬물에 30분
정도 담가 핏물을 뺀 다음, 분량의 양념에 재
워둔다.

쇠고기를 재우는 이유는 고기 냄새를 제거하고 육질을 부드
럽게 하기 위해서다.

2 양송이버섯과 돼지호박은 깨끗이 손질해 1cm
로 깍둑썬다. 양파는 1cm로 나박썬다.

양송이버섯 대신 가지, 브로콜리로 대체해도 된다.

3 프라이팬에 현미유를 두르고 돼지호박을 넣고
중불에서 볶다가 쇠고기, 양송이버섯, 양파를
넣고 10분간 볶는다.

4 다시마육수를 붓고 간장으로 간한 다음 10분
간 끓인다.

다시마육수 만드는 법은 42쪽 참고

5 약불로 줄이고, 감자전분을 생수에 1:1 비율로
푼 다음 넣어서 걸쭉하게 만든다. 실파와 참기
름를 넣고 마무리한다.

6 밥 위에 소스를 얹는다.

잡깐만요

CHECK LIST

- 간식 많이 주지 않기
- 1일 3식 (간식 2회)
- 수유 500ml

생후 15개월~7세 | 간식

다섯째
마당

단호박
샐러드

베베쿡
인기 간식

감기 예방, 변비 예방, 눈 건강

대표적인 황색채소인 단호박은 카로틴 형태로 들어 있는 풍부한 비타민 A를 비롯해, 식물성 섬유와
비타민 B1, B2, C, 칼슘, 철분, 인 등의 미네랄이 균형 있게 들어 있어서 성장기 어린이의 체력강화에 좋은 사계절 식재료입니다.
단맛이 있어 거부감 없이 누구나 맛있게 먹을 수 있어요. 단호박에 다른 채소나 과일을 곁들여 샐러드로 만들었습니다.

단호박 80g (약 8큰술),
고구마 30g (약 3큰술),
두부 35g (약 2큰술 + 1작은술),
브로콜리 3g (약 1/2작은술),
멸균우유 10g (약 2/3큰술)

☆ **양념 : 소금 한꼬집,**
    올리고당 약간

1 단호박, 고구마는 껍질을 벗겨내고 1.5cm 크기로 깍둑썬다. 150℃로 5분간 예열해둔 오븐에서 단호박은 20~30분, 고구마는 15분간 굽는다.

오븐이 없으면 찜통에 쪄도 무방하다. 찜통에 찔 경우 센불에서 10분, 중불에서 5분간 찌면 된다.

2 두부는 칼등으로 곱게 으깬다. 브로콜리는 1.5cm 크기로 잘라 소금을 약간 넣은 끓는 물에 2분 정도 데친 다음 찬물에 헹군다.

브로콜리는 데친 다음 바로 찬물에 헹궈야 색도 유지되고 물러지지 않는다.

3 [두부소스] 으깬 두부에 우유를 섞고 소금, 올리고당으로 간한 다음, 중탕으로 중불에서 5분, 약불에서 5분간 끓인다.

단호박과 고구마의 단맛을 확인해서 올리고당은 적절히 가감한다. 중탕은 재료를 담은 그릇보다 더 큰 냄비에 물을 붓고 그 위에 그릇을 얹어서 끓이면 된다.

4 두부소스에 브로콜리, 단호박, 고구마를 넣고 살살 비빈다.

가족밥상활용법

기호에 따라 견과류나 과일을 넣어도 된다. 새싹채소나 방울토마토 등을 넣으면 좀더 신선한 느낌의 샐러드가 완성된다.

잠깐만요

고구마의 효능

고구마의 노란 속살에 들어 있는 베타카로틴과 보라색 껍질에 들어 있는 안토시아닌, 클로로젠산, 카페산 같은 페놀성 물질은 대표적인 항산화물질로, 암을 유발하는 활성산소 발생을 억제하는 역할을 합니다. 또한 고구마를 잘랐을 때 나오는 하얀 진액은 야라핀이라는 물질로, 뭉친 변을 무르게 해 배변활동이 원활해지도록 도와줍니다.

감자치즈구이

간식 :
생후 15개월
~7세

최고의 궁합 레시피

감자는 치즈랑 같이 먹으면 좋습니다. 치즈에 함유된 비타민 A, B, 나이아신 등과 칼슘, 인 등이 감자와 어울려 상호보완 작용을 해 영양이 상승한다고 합니다. 더불어 성장기에 필수적인 양질의 단백질과 철분, 비타민 B군, 아연, 셀레늄이 풍부한 쇠고기를 곁들여 영양적으로 우수한 간식을 만들었습니다.

영양 No.1
간식

감자 110g (약 2/3컵),
다진 한우 15g (약 1큰술),
당근 5g (약 1/2작은술),
사과 20g (약 2큰술),
유기농아기치즈 10g (약 2/3작은술)
☆ 기름 : 현미유 약간
☆ 가루 : 파슬리가루 한꼬집

쇠고기 양념

생파인애플 약간,
간장 약간,
다진마늘 약간,
소금 한꼬집,
황설탕 한꼬집,
흰후춧가루 한꼬집

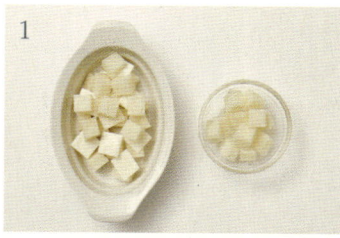

1 감자는 껍질을 벗기고 1.5cm로 깍둑썰어 160℃로 5분간 예열해둔 오븐에서 20~30분간 굽는다. 이때 치즈는 타지 않도록 감자 속에 넣고 같이 굽는다.

아기치즈 대신 모차렐라치즈를 사용해도 된다. 모차렐라치즈는 18개월 이후부터 먹을 수 있다.

오븐이 없으면 찜통에 쪄도 무방하다. 찜통에 찔 경우 센불에서 10분, 중불에서 5분간 찌면 된다.

2 당근은 1.5cm로 채썬다. 사과는 1.5cm로 나박 썬다.

3 다진 쇠고기는 양념한 다음 당근과 함께 현미유 두른 프라이팬에 넣고 중불에서 10분간 볶는다. 당근이 거의 익으면 사과를 넣고 섞으면서 5분 더 볶는다.

4 구운 감자에 볶은 쇠고기, 당근, 사과를 얹는다. 파슬리가루를 솔솔 뿌려 마무리한다.

그라탕 용기에 재료를 모두 섞고 치즈를 얹어서 오븐에 구워도 좋다. 165℃에서 5분 정도 치즈를 녹일 정도만 구우면 된다.

잠깐만요

감자를 오븐에 구우면 보슬보슬 맛있어요

감자를 오븐에 구우면 짧은 시간에 익힐 수 있고, 감자의 보슬보슬한 맛을 가장 잘 살릴 수 있습니다. 만약 오븐이 없으면 찜통에 쪄도 무방합니다. 찜통에 찔 경우 센불에서 5분, 중불에서 10분간 찌면 됩니다.

파슬리의 효능과 파슬리가루 만드는 법

파슬리는 비타민 A, B1, C, K 등이 풍부한 채소입니다. 비타민 A, C는 대표적인 항산화 비타민으로, 노화를 방지하고 체내 잉여산소인 활성산소를 제거해줍니다. 비타민 K는 출혈시 혈액을 응고시킬 때 도움을 주는 영양소로, 빈혈에도 효과가 있습니다. 파슬리가루는 마트에서 손쉽게 구입할 수 있습니다. 직접 만드는 방법은 다음과 같습니다.

❶ 줄기를 떼어내고 곱게 다진다.
❷ 잠시 물에 담가 쓴맛을 뺀다.
❸ 얇은 거즈나 베보자기에 넣고 꼭 짠다.
❹ 종이호일을 깔고 파슬리가루를 얇게 펼쳐서 잘 말린다.
❺ 말린 파슬리가루를 병에 담아 보관한다.

단호박수프

간식 :
생후 15개월
~7세

항암효과, 변비 예방

영양적으로 우수한 단호박은 식품알레르기 가능성도 매우 적은 식재료이므로 이유식이나
유아 반찬, 간식으로 폭넓게 사용하면 좋습니다. 잘 익은 단호박은 따로 설탕이나 시럽을 첨가하지
않고도 단맛이 많이 납니다. 삶거나 쪄서 우유와 함께 끓이면 부드러운 수프가 완성됩니다.
별도로 육수나 양념이 필요하지 않은 메뉴라 조리하기도 아주 간편해요.

만들기
간편한
간식

단호박 60g (약 6큰술),
고구마 20g (약 2큰술),
우유 20g (약 1큰술 + 1작은술)

☆ 양념 : 소금 한꼬집

화이트루

찹쌀가루 10g (약 2/3큰술),
포도씨유 5g (약 1작은술)

1 단호박, 고구마는 2cm로 깍둑썬 다음 삶아서 믹서에 넣고 곱게 간다. 이때 삶은 물을 100~150ml(약 1/2~3/4컵) 정도 같이 넣는다.

삶지 않고 찜통에 쪄도 된다. 단호박과 고구마를 자르지 않고 그대로 삶거나 찌려면 20분 이상 걸리지만, 깍둑썰어서 조리하면 중불에서 10분, 약불에서 5분 정도면 충분하다.

2 [화이트루] 찹쌀가루와 포도씨유를 넣고 약불에서 10~15분간 볶아 화이트루를 만든다.

3 화이트루에 단호박, 고구마 간 것을 넣고 저으면서 중불에서 10분, 약불에서 5분 끓인다.

4 우유로 농도를 맞추고, 소금으로 간해서 완성한다.

가족밥상활용법

고구마 대신 두부를 활용해도 좋다. 고구마를 넣은 것보다 단맛은 덜하지만 고소함이 더해져 부드러운 수프가 된다. 혹은 감자를 활용하면 감자수프가 된다. 응용이 무한대로 가능한 레시피다. 수프를 낼 때는 부드러운 빵과 함께 내보자. 빵을 수프에 찍어 먹으면 아이가 좋아한다.

잠깐만요

단호박수프에 견과류 고명은 궁합 최고!

단호박수프에 호박씨, 해바라기씨, 호두 등의 견과류를 잘게 잘라 고명으로 얹어주면 씹는 맛도 좋아지고 영양도 보충이 됩니다. 풍부한 맛을 위해서 생크림을 약간 첨가해도 좋아요.

호박콩팥범벅

해독작용, 이뇨작용, 혈액순환 도움

간식 :
생후 15개월
~ 7세

팥은 단백질, 칼슘, 칼륨, 비타민 A를 비롯해 비타민 B1이 풍부해 탄수화물 소화에 도움이 되는 식품입니다.
다만 성질이 차기 때문에 한 번에 너무 많은 양을 섭취하면 곤란해요. 그래서 성질이 따뜻한 늙은호박과 함께 조리하면
좋은 궁합이라고 할 수 있습니다. 또한 흑설탕과 건포도로 새콤달콤한 맛을 더해, 평소에 쉽게 접하지 못하는
콩의 섭취를 늘려줄 수 있는 간식입니다.

소화
잘되는
간식

늙은호박 90g (약 1/2컵),
강낭콩 15g (약 1큰술),
붉은팥 15g (약 1큰술),
껍질 벗긴 동부(혹은 녹두) 15g (약 1큰술),
건포도 3g (약 1/2작은술)

☆ 가루 : 찹쌀가루 10g (약 2/3큰술)
☆ 양념 : 소금 한꼬집,
　　　　흑설탕 3g (약 1/2작은술)

1 강낭콩은 3~5시간 불리고 중불에서 1시간 정도 삶은 다음 굵게 다진다. 늙은호박은 껍질을 벗기고 씨를 제거한 다음 굵게 다진다.

수프처럼 완전히 갈아 부드러운 질감을 내는 것이 아니므로 0.5cm 정도로 입자감이 살아 있도록 다진다.

2 붉은팥, 동부(혹은 녹두)는 하루 정도 불려두 었다가 중불에서 15분, 약불에서 10분간 무르 게 삶은 다음 건진다. 건포도는 중불에서 5분 간 삶은 다음 잘게 다진다.

동부나 녹두는 껍질에도 영양이 많아서 안 벗기고 조리하는 것이 좋지만, 소화기가 약하다면 벗긴다.

3 냄비에 늙은호박, 강낭콩, 붉은팥, 동부, 건포 도를 넣고 생수 100ml(약 1/2컵)를 부은 다음 중불에서 20분, 약불에서 5분간 저으면서 끓 인다.

4 찹쌀가루를 풀어넣어 걸쭉하게 농도를 맞추 고, 소금과 흑설탕으로 간한다.

잠깐만요

늙은호박의 효능

늙은호박은 콜레스테롤을 배출해주어 고혈압, 동맥경화 등 혈관질환에 좋은 효과가 있으며, 무엇보다 항산화작 용이 뛰어나 노화를 지연시키고 자외선으로 인한 피부 손상, 안구손상 예방에 좋고, 붓기를 빼는 데도 탁월한 효과가 있습니다.

늙은호박 손질하기

늙은호박은 껍질이 단단해서 잘 까지 지 않습니다. 늙은호박을 자른 다음 전자레인지에 3분 정도 돌리면 겉이 좀 물러지면서 껍질을 까기 쉬운 상태 가 됩니다.

호박씨의 효능

호박씨에 풍부한 인, 철, 마그네슘은 뼈를 튼튼하게 해주 고, 쿠쿠바이타신 성분은 이뇨작용을 도와주는 역할을 합 니다. 또한 호박씨에는 비타민과 아연, 무기질이 풍부해 피부에 노폐물이 쌓이는 것을 막아주어 여드름과 주름 예 방에 좋습니다.

기력회복
간식

닭가슴살크림수프

감기 예방, 기력회복, 두뇌활동 활발

닭고기 중 지방이 가장 적은 부위인 닭가슴살을 이용해 담백하고 고소한 맛의 수프를
아이에게 만들어주세요. 닭가슴살은 섬유질이 가늘고 연해 다른 육류보다 소화흡수가
잘되어 병치레를 한 후 체력이 많이 떨어진 아이에게 기력회복식으로 안성맞춤인 메뉴입니다.
빵과 곁들여 내주면 한 끼 식사로도 손색이 없답니다.

닭가슴살 35g (약 2+1/3큰술),
당근 10g (약 1큰술),
양파 10g (약 2/3큰술),
브로콜리 5g (약 1큰술)

☆ 국물 : 닭고기육수 100㎖ (약 1/2컵 +
2/3큰술)

☆ 양념 : 소금 한꼬집,
전지분유 2g (약 1/2작은술),
흰후춧가루 한꼬집

화이트루

찹쌀가루 8g (약 1/2큰술),
포도씨유 4g (약 4/5작은술)

1 닭고기육수를 낸 다음 닭가슴살만 꺼내 1cm
길이로 결대로 찢는다.

닭고기육수 만드는 법은 43쪽 참고.

2 당근, 양파는 1.5cm 크기로 나박썬다. 브로콜
리는 1cm 크기로 잘라 끓는 물에 소금을 넣고
2분 정도 데친 다음 찬물에 헹군다.

브로콜리는 데친 다음 바로 찬물에 헹궈야 색도 유지되고 물
러지지 않는다.

3 [화이트루] 찹쌀가루와 포도씨유를 약불에서
5~10분간 볶아 화이트루를 만든다.

4 닭고기육수에 닭가슴살, 당근, 양파를 넣고 끓
인다.

5 재료가 충분히 익으면 브로콜리, 전지분유, 화
이트루, 소금, 후춧가루를 넣고 잘 섞으면서
끓인다. 완성된 수프를 그릇에 담는다.

잠깐만요

소스나 수프를 걸쭉하게 만들어주는 루

루는 소스나 수프를 걸쭉하게 하기 위해 사용하는 것으로, 여러 종류가 있습니다. 시중에서 루를 따로 판매하지는 않아요.

- **화이트루** : 화이트소스나 포타주 등에 사용
- **브론드루** : 토마토소스 등에 사용
- **브라운루** : 카레나 브라운소스 등에 사용

토마토스파게티

항암효과, 노화방지, 모발 건강

토마토는 과일, 채소의 두 가지 특성을 모두 가지고 있으며,
비타민과 무기질 공급원으로 우수한 식품입니다. 토마토의 붉은색을
만드는 리코펜은 노화의 원인이 되는 활성산소를 배출시켜 세포의 노화를 막아줍니다.
토마토를 그냥 먹는 것보다 열을 가해 먹거나 기름에 익혀 먹는 것이 리코펜 흡수율을
더 높일 수 있습니다.

어른+아이
간식 타임

스파게티면 35g (약 5큰술),
다진 한우(우둔살) 8g (약 1/2큰술),
양파 15g (약 1큰술),
당근 15g (약 1+1/2큰술),
양송이버섯 10g (약 1+1/2큰술),
토마토 25g (약 1+2/3큰술),
월계수잎 약간
☆ 가루 : 파슬리가루 한꼬집
☆ 기름 : 현미유 3g (약 1/5큰술)

소스 양념

생파인애플 약간,
토마토케첩 25g (약 1+2/3큰술),
토마토페이스트 5g (약 1작은술),
황설탕 한꼬집,
흰후춧가루 한꼬집,
올리브유 약간

잘 관찰만요

화이트소스로 만드는 스파게티

재료 : 스파게티면 35g(약 5큰술), 양송이버섯 20g(약 3큰술), 느타리버섯 20g(약 3큰술), 베이컨 30g(약 2+1/2큰술), 양파 10g(약 2작은술), 우유 50ml(약 1/4컵), 생크림 50ml(약 1/4컵), 소금 한꼬집, 후춧가루 한꼬집, 현미유 약간

❶ 재료를 알맞은 크기로 썬다.
❷ 스파게티면을 삶는다.
❸ 프라이팬에 현미유를 두르고 양파를 볶다가 버섯, 베이컨을 넣고 볶는다.
❹ 우유와 생크림을 붓고 끓인다.
❺ 스파게티면을 넣고 섞은 다음 소금, 후춧가루로 간한다.

1 스파게티면은 1.5cm 길이로 잘라 현미유를 넣고 끓인 물에 넣어 센불로 10분 정도 삶은 다음 체에 받쳐 물기를 뺀다.

현미유를 넣고 삶는 이유는 면이 서로 달라붙는 것을 방지하기 위해서다. 그리고 스파게티면은 삶은 다음 찬물에 헹구지 않는다.

2 양파, 당근, 양송이버섯은 깨끗이 손질해 0.5cm 크기로 잘게 다진다.

3 토마토는 꼭지 반대편에 열십자로 칼집을 낸 다음 끓는 물에 1분 정도 데쳐 껍질을 벗긴다. 씨를 빼내고 곱게 다진다.

토마토에 칼집을 내고 데치면 껍질을 쉽게 벗길 수 있다. 너무 오래 데치면 토마토가 다 뭉그러져버리니 1분 정도만 데친다.

4 냄비에 현미유를 약간 두르고 당근, 양파, 양송이버섯, 토마토, 다진 쇠고기를 넣고 끓인다. 소스 양념을 모두 넣는다. 월계수잎을 넣고 끓이다가 마지막에 건져낸다. 중불에서 총 10분간 끓인다.

5 재료가 다 익고 걸죽한 소스 형태가 되면 파슬리가루를 뿌린다.

파슬리가루 만드는 법은 217쪽 참고.

6 접시에 스파게티면을 담고 소스를 끼얹는다.

스파게티는 조리해서 바로 먹어야 면의 식감이 떨어지지 않고 탱글탱글하다.

가족밥상활용법

어른용 스파게티면은 1번 단계에서 자르지 않고 삶는다.

잼 대신
OK!
응용 백배!

계피향과일조림

피부미용, 변비 예방, 불면증 예방, 잇몸 보호

계피향이 살짝 감도는 과일조림은 어디든 잘 어울리는 최고의 간식입니다. 한 번에 여러 번 먹을 분량을 만들어 유리병에
보관해놓고 식빵 위에 잼 대신 올려주거나 커틀릿, 아이스크림 위에 얹어서 내도 손색이 없는, 활용도 높은 간식입니다.
여기에 함께 들어가는 샐러리는 불면증을 예방하며, 비타민 B와 칼륨이 풍부해 노폐물을 제거해줍니다.

배 35g (약 3+1/2큰술),
사과 50g (약 5큰술),
당근 15g (약 1+1/2큰술),
무 30g (약 3큰술),
샐러리 30g (약 3큰술)
☆ 가루 : 계피가루 약간 (혹은 통계피
1쪽)
☆ 양념 : 올리고당 5g (약 1작은술)

1 배, 사과는 깨끗이 씻어 껍질을 벗기고 1.5cm
크기로 깍둑썬다.

2 당근, 무는 작게 나박썬다. 샐러리는 중간을
꺾어 심지를 어느 정도 제거한 다음 깍둑썬다.

3 생수를 붓고 당근, 무를 넣고 중불에서 10분간
익힌다. 물을 따라 버리고 다시 생수 15ml(약 1
큰술)와 올리고당을 넣고 끓인다. 보글보글 끓
으면 사과, 배, 샐러리, 계피가루를 넣고 색이
들도록 약불에서 10분간 조린다.

4 빵이나 요거트와 함께 낸다.

가족밥상활용법

이렇게 만든 계피향과일조림은 단품으로 먹어도
좋지만 식빵 위에 잼 대신 발라 먹거나
돈가스, 요거트 등에 토핑으로 얹어 먹으면
좋다. 한 번에 여러 번 먹을 분량을 만들어서
병에 담아두고 이용하면 편리하다.

잠깐만요

계피의 효능

계피는 암세포 증식을 억제해 항암효과를 볼 수
있으며, 감기 예방과 치료에도 효과적입니다.
아침마다 꿀과 함께 계피차를 타서 마시면 추위
를 덜 타게 됩니다. 계피가루는 마트 등에서 쉽
게 구입할 수 있습니다.

샐러리의 효능과 좋은 샐러리 고르기

식이섬유가 풍부한 샐러리는 포만감을 극대화시켜 다이어트 식품으로 잘 알려져 있으며,
이뇨작용을 촉진하고 불면증을 해소하는 효과가 탁월합니다. 또 비타민 B1, B2, 칼륨이
풍부해서 체내 나트륨을 몸 밖으로 배출시켜줍니다. 골밀도 감소를 막아주는 역할을 해
골다공증 같은 뼈질환 예방에도 도움이 됩니다. 샐러리는 잎이 녹색이고 줄기는 연한 녹
색인 것, 줄기의 요철 모양이 굵고 줄기 자체도 굵으며, 겉대와 속대의 굵기가 일정한 것이 좋은 샐러리입니다.

바삭바삭
고소한 맛

새우치즈감자크로켓

탱글탱글 새우가 쏘~옥

아이들이 좋아하는 재료로만 속을 꽉 채운 크로켓입니다. 속재료는 기호에 따라 잡채나 마요네즈를 버무린
샐러드 등 색다른 재료들로 응용해서 만들어도 좋습니다.

감자 200g (약 1컵),
청피망 10g (약 1+1/2큰술),
당근 10g (약 1큰술),
칵테일새우 30g (약 3큰술),
모차렐라치즈 40g (약 2+2/3큰술),
달걀 50g (1개)
☆ 가루 : 밀가루 한꼬집,
　　　빵가루 60g (약 1컵)
☆ 기름 : 식용유 약간,
　　　튀김용 기름 넉넉히
☆ 양념 : 소금 한꼬집

1 감자는 센불에서 20분간 삶은 다음 소금으로
간하면서 으깬다.

감자는 뜨거울 때 포크나 숟가락으로 으깨면 된다. 감자으깨
기(푸드매셔)를 이용하면 손쉽게 으깰 수 있다.

2 청피망, 당근은 0.5cm로 잘게 썬 다음, 프라이
팬에 기름을 두르고 약불에서 5분간 살짝 볶
는다.

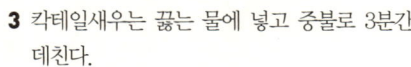

3 칵테일새우는 끓는 물에 넣고 중불로 3분간
데친다.

4 재료를 모두 섞은 다음 모차렐라치즈를 넣는
다.

5 3cm 직경으로 동그랗게 경단을 빚는다.

잠깐만요

**크로켓 요리는 재료
만 바꿔도 응용 무한대**

새우 대신 다진 쇠고기나 잡채,
샐러드, 고구마, 카레가루 등을
넣어 색다른 크로켓을 만들 수 있
습니다.

6 경단에 밀가루, 달걀물, 빵가루 순서로 튀김옷
을 입힌 다음 160~170℃의 기름에 약 5분간
노릇하게 튀긴다.

튀김옷을 조금 넣었을 때 바로 거품이 부글부글 올라오면 튀
기기에 적당한 온도다.

허니버터알감자구이

대지의 사과, 감자

휴게소 인기 간식 중 하나인 알감자구이를 집에서도 손쉽게 만들 수 있습니다. 감자의 담백함과 올리고당의 달콤한 맛이 잘 어우러져, 간단하지만 아이들에게 인기가 많은 간식이 됩니다. 또한 우유랑 함께 먹으면 우유의 유당과 감자의 섬유소질, 비타민 C가 같이 작용해서 변비를 해소해주는 역할을 합니다.

간식 :
생후 15개월
~ 7세

스피드
쿠킹

알감자 150g (약 1+1/2컵),
올리고당 10g (약 2작은술),
파슬리가루 한꼬집

☆ **기름 : 버터 10g** (약 2큰술)

1 알감자는 센불로 15분간 삶은 다음 껍질을 벗
긴다.

감자를 살짝 덜 익혀야 조리 중에 부서지지 않는다.

2 프라이팬에 버터를 녹이고 알감자를 굴리면서
약불에서 5분간 익힌다.

버터가 없으면 현미유로 대체해도 된다.

3 알감자 표면이 노릇하게 익으면 건져서 키친
타월로 기름기를 닦는다. 올리고당을 바르고
파슬리가루를 뿌려 완성한다.

올리고당 대신 기호에 따라 꿀이나 소금으로 간을 해도 된다.

4 그릇에 담아 낸다.

잠깐만요

알감자는 감자보다 작은 것

알감자는 일반 감자보다 크기가 작고 동글동글한 모양을 하고 있습니다. 영양적인 면에서는 일반 감자와 전혀 차이가 없습니다. 알감자는 6~9월
이 제철입니다. 시중에 껍질 벗긴 알감자를 통조림에 담은 제품도 있으니 편리하게 이용하세요.

롤샌드위치

모양도 예쁘고 영양도 좋은 샌드위치

뇌를 구성하는 지방성분의 10%는 DHA가 차지하는데, 참치에는 DHA 성분이 풍부해 뇌기능을 향상시켜줍니다.
참치의 셀레늄 성분은 활성산소를 없애주는 항산화작용을 해서 피부노화를 낮춰해줍니다. 또한 DHA, EPA 성분이
콜레스테롤 수치를 낮춰줘서 혈관계질환을 예방하거나 개선하는 데 도움을 줍니다. 아이들이 한손으로 집어먹기
좋게끔 예쁘게 모양을 만들어주면 한입에 먹는 핑거푸드가 완성됩니다.

두뇌발달
핑거푸드

식빵 50g (1쪽),
당근 20g (약 2큰술),
달걀 40g (작은 것 1개),
참치살 30g (약 3큰술),
아기치즈 8g (약 1/2큰술),
사과 30g (약 3큰술),

☆ 기름 : 버터 3g (약 3/5작은술)

☆ 양념 : 마요네즈 3g (약 3/5작은술),
　　　　 레몬즙 약간

1 당근은 깨끗이 씻어 강판에 간 다음 마요네즈와 레몬즙을 넣고 고루 섞는다.

2 달걀은 삶아서 곱게 으깬다. 참치살은 기름을 빼고 으깬다. 치즈는 잘게 자른다. 사과는 껍질을 벗기고 씨를 제거한 다음 0.5cm 크기로 썬다.

달걀은 노른자와 흰자를 같이 으깬다. 달걀 삶는 법은 99쪽 참고.

3 그릇에 재료를 모두 넣고 잘 섞는다.

잠깐만요

레몬즙 짜는 방법

레몬을 반으로 갈라 손으로 있는 힘껏 눌러 짜면 됩니다. 하지만 나오는 양이 적거나 너무 힘들다면 즙짜개(스퀴저)를 이용해 편리하게 즙을 낼 수 있어요. 마트에서 판매하는 레몬즙을 사용해도 됩니다.

4 식빵은 부드러운 것으로 준비한다. 가장자리를 잘라낸 다음 한 면에 버터를 고르게 펴바른다.

버터를 바르면 속재료의 수분이 빵으로 스며드는 것을 방지할 수 있으며, 고소한 맛을 추가하는 효과도 있다.

5 식빵에 재료를 얹고 돌돌 만 다음, 아기가 먹기 좋은 크기로 자른다.

가족밥상활용법

4번 단계에서 잘라낸 식빵 가장자리는 오븐이나 프라이팬에 버터를 두르고 구운 다음, 비닐봉지에 설탕을 넣고 흔들어서 묻히면 심심풀이 간식이 된다. 아이와 함께 만들어보자.

잠깐만요

사과는 껍질에 좋은 성분이 많아요

사과는 보통 껍질을 까서 과육만 아이들에게 주는데, 사과 껍질에는 항산화 성분인 폴리페놀이 풍부해 몸 안에 지방이 쌓이는 것을 막아주고 비만과 성인병을 예방해줍니다. 또한 셀룰로오스 성분은 장자에서 젤 형태로 변해 배변량을 늘리고 변을 부드럽게 해주는 효과가 있어요. 그러니 깨끗하게 씻을 수만 있다면 껍질째 먹는 것이 더욱 풍부한 영양을 섭취할 수 있는 방법입니다. 사과를 제대로 세척하는 법은 다음과 같습니다.

❶ 식초와 물을 1 : 10 비율로 탄 다음 사과를 20분 정도 담가둔다.
❷ 흐르는 물에 씻거나 베이킹소다 혹은 과일세척제로 씻는다.
❸ 꼭지가 있는 움푹 들어간 부분에 상대적으로 농약이 많이 잔류하므로 이 부분을 잘라낸다.

닭고기커틀릿

간장 강화, 스트레스 해소, 피부미용

바삭한 식감의 고기를 이용한 커틀릿은 맛도 영양도 좋아서 어른, 아이 할 것 없이 모두가
좋아하는 간식입니다. 닭고기는 쇠고기보다 단백질이 많은 저지방 식품으로, 소화도
잘되고 영양분도 많아 성장기 아이들에게 좋은 식재료입니다. 무엇보다 닭고기는
필수아미노산이 풍부해 어린이 영양간식으로 최고입니다.

필수
아미노산
듬뿍

닭고기(안심) 70g (약 4+2/3큰술),
달걀 30g (약 3큰술),
아기치즈 10g (약 2/3큰술)

☆ 가루 : 밀가루 10g (약 2/3큰술),
　　　빵가루 15g (약 3큰술)

☆ 기름 : 튀김용 기름 넉넉히

닭고기 재우기

마늘즙 약간,
양파즙 약간,
소금 한꼬집,
흰후춧가루 한꼬집

허니머스터드소스

마요네즈 10g (약 2/3큰술),
머스터드 10g (약 2/3큰술),
꿀 10g (약 2/3큰술),
레몬즙 5g (약 1작은술)

1 닭고기는 부드러운 안심을 준비해 양념한 다음 30분간 재워둔다.

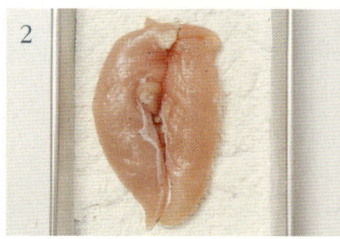

2 닭고기에 간이 배면 밀가루를 묻힌다.

3 여분의 밀가루는 털어내고 달걀물, 빵가루 순서로 튀김옷을 입힌다.

4 닭고기를 160~170℃의 기름에 약 5분간 노릇하게 튀긴다. 한 번 더 바삭바삭하게 튀긴다.

튀김옷을 조금 넣었을 때 바로 거품이 부글부글 올라오면 튀기기에 적당한 온도다.

5 튀겨낸 커틀릿이 뜨거울 때 위에 치즈를 얹는다. 허니머스터드소스를 만들어 같이 낸다.

가족밥상활용법

닭고기 대신 돼지고기를 이용하면 포크커틀릿,
쇠고기를 이용하면 비프커틀릿이 된다.
시중에서 판매하는 허니머스터드소스를
이용해도 상관없고, 브라운소스나 간단히
토마토케첩을 곁들여도 좋다.

어린이
고혈압
예방

삼색고구마경단

혈압조절, 다이어트, 항암효과

고구마는 몸 속에 남아 있는 나트륨을 배출시켜 어린이 고혈압을 예방해주고, 몸 안에 있는 나쁜 콜레스테롤을 배출하주는
능력이 매우 뛰어난 채소입니다. 채소는 대부분 익히면 칼륨이 90% 정도 빠져나가는데 고구마는 50% 이상 남아 있으며,
비타민 B와 C도 70~80%가 남아 있어서 익혀 먹어도 영양분 손실이 적은 식재료입니다.

고구마 200g (약 1+1/2컵),
카스텔라 50g (약 1컵),
검은깨 10g (약 2/3큰술),
딸기가루(혹은 당근가루) **5g**
(약 1작은술)

1 고구마는 찜기에 넣고 크기에 따라 중불에서
15~20분간 쪄서 으깬 다음, 직경 3cm 크기로
경단을 빚는다.

고구마가 달지 않으면 시럽을 약간 첨가한다.

2 카스텔라는 체에 친다. 검은깨는 볶아서 믹서
나 손절구에 넣고 간다. 딸기가루(혹은 당근가
루)는 제과용 제품으로 구입해 준비한다.

3 고구마의 1/3에는 카스텔라를, 1/3에는 검은깨
를, 나머지 1/3에는 딸기가루를 입힌다. 아이
와 함께 만들면 좋다.

딸기가루는 체를 이용해 뿌리면 뭉치지 않고 고르게 묻는다.

4 아이가 좋아하게끔 접시에 예쁘게 담아 내놓
는다.

잘한만요

밤고구마가 경단이 잘 빚어져요
고구마는 밤고구마를 준비해야 경단을 빚었을 때 동
그란 모양이 제대로 나옵니다. 물기가 많은 물고구
마나 호박고구마는 경단이 잘 빚어지지 않아요. 그
리고 찌지 않고 물에 넣고 삶으면 역시 수분이 많아
져서 경단이 잘 빚어지지 않을 수 있습니다.

고구마는 가을이 제철
고구마는 8~10월이 제철입니다. 고구마에 들
어 있는 베타카로틴이라는 항산화물질은 몸에
해로운 활성산소를 제거해줍니다. 고구마 껍질
에 있는 안토시아닌 성분도 항산화물질이니, 껍
질을 깨끗이 씻어 함께 섭취하면 좋습니다.

딸기가루, 당근가루 만들기
딸기가루나 당근가루는 초록마을이나 마트, 혹은 인
터넷쇼핑몰 등에서 쉽게 구입할 수 있습니다. 직접
만들어 먹으려면 딸기나 당근을 깨끗이 씻어서 적당
한 크기로 얇게 썬 다음 식품건조기에 넣고 하루 정도
말립니다. 바싹 마른 것을 믹서에 넣고 갈면 됩니다.

한입 쏙,
재미 쏙

꼬마핫도그

먹는 재미가 있는 간식

한입에 쏘옥 들어가는 미니 사이즈의 핫도그입니다. 두 번 튀겨내 더욱 바삭하고, 크기가 작아 아이들도 쉽게 먹을 수 있는
맛있는 간식입니다. 어른들 술안주에도 참 좋아요. 온 가족이 함께 모여 만들면 재미있겠죠?

비엔나소시지 10개,
우유 60ml (약 1/3컵),
핫케이크가루 100g (약 1컵),
빵가루 60g (약 1컵),
토마토케첩 약간,
머스터드소스 약간,
이쑤시개나 꼬챙이

☆ 기름 : 튀김용 기름 넉넉히

가족밥상활용법

어른들 맥주 안주로도 좋은
메뉴다. 어른들을 위해 매콤한
칠리소스를 곁들이면 더욱
좋다. 핫도그 안에 넣는
비엔나소시지는 메추리알이나
어묵으로 대체할 수 있다.
아이들에게 어떤 재료를 넣으면
좋을지 미리 물어보고 만들면
보다 맛나게 먹게 된다.

1 비엔나소시지는 끓는 물에 넣고 중불에서 1분
간 데친다.

2 핫케이크가루는 우유에 풀어서 걸죽하게 반죽
한다.

3 이쑤시개나 꼬챙이에 비엔나소시지를 끼우고
반죽을 묻힌 다음 160~170℃ 기름에서 약 3분
간 노릇하게 튀긴다.

튀김옷을 조금 넣었을 때 바로 거품이 부글부글 올라오면 튀
기기에 적당한 온도다.

4 튀긴 핫도그에 2차로 핫케이크 반죽을 입히고
빵가루를 묻힌 다음 한 번 더 튀긴다.

반죽을 두 번 발라 두 번 튀겨야 핫도그가 크고 먹음직스럽
게 된다.

5 토마토케첩이나 머스터드소스를 바른다.

잠깐만요

튀김기름 온도 감별법

커틀릿이나 핫도그를 튀기기에 적당한 기름의 온도는 170~180℃입니다. 튀김기름의 온도를 재는 기름온도계가 있으면 편하겠지만, 없다면 튀김옷을 조금만 기름에
넣어보세요. 튀김옷이 가라앉았다가 부글부글 거품과 함께 다시 올라오면 적당한 온도가 된 것입니다. 기름의 온도가 너무 높으면 튀김옷이 튀어오르니 주의하세요. 최
근에는 기름 없이 튀기는 도구(에어프라이어)도 나와서 엄마들의 관심이 커지고 있습니다.

토마토소스떡볶이

아이들이 좋아하는 새콤달콤한 맛

아직 매운 음식을 잘 먹지 못하는 아이에게 떡볶이를 해주고 싶다면 토마토소스로 만든 떡볶이는 어떨까요?
새콤달콤한 토마토소스는 맵지 않고 자극적이지 않아 아이들이 먹기에 안성맞춤입니다.
또는 피자치즈를 이용해 그라탕으로 만들어줄 수도 있습니다.

떡볶이떡 60g (약 1컵),
양배추 20g (약 2큰술),
양파 10g (약 2/3큰술),
깐 호두 2g (약 1/2작은술),
아기치즈 10g (약 2/3큰술)

☆ **기름 : 현미유 3g** (약 3/5작은술)

☆ **양념 : 고추장 3g** (약 3/5작은술),
　　　토마토케첩 10g (약 2/3큰술),
　　　올리고당 3g (약 3/5작은술)

1 떡볶이떡은 2cm로 잘라 뜨거운 물에 5분간 담가둔다.

미리 뜨거운 물에 담가두면 떡이 말랑말랑해져서 조리시간을 단축할 수 있다.

2 양배추, 양파는 먹기 좋게 2cm 정도로 채썬다. 깐 호두는 0.5cm 크기로 부순다.

3 프라이팬에 현미유를 두르고 토마토케첩, 고추장, 올리고당을 넣고 생수 100ml(약 1/2컵 + 2/3큰술)를 붓고 약불에서 5분간 끓인다. 떡, 양배추, 양파를 넣고 중불에서 10분간 끓인다.

보다 감칠맛을 내려면 다시마육수(42쪽 참고)나 멸치다시마육수(42쪽 참고)를 넣는다.

4 채소가 다 익으면 아기치즈와 호두를 얹고 약불에서 2분간 끓여 마무리한다.

5 그릇에 담아 낸다.

가족밥상활용법

토마토케첩을 빼고 고추장을 좀더 넣은 양념을 준비해서 따로 만들면 어른들도 맛있게 먹을 수 있다. 수제 어묵(140쪽 참고)을 만들어 같이 넣어줘도 좋고, 삶은 메추리알이나 고구마 등 아이가 좋아하는 재료를 추가해도 좋다.

간식 :
생후 15개월
~7세

전기밥솥
이지쿠킹

당근아몬드찜케이크

빈혈 예방, 탈모 예방, 폐 보호

당근은 비타민 A와 카로틴 성분이 함유되어 있어서 시력을 개선해주는 효능이 있고, 펙틴 성분이 배변활동을 도와주어 변비 예방이
됩니다. 또한 항산화 성분이 풍부해 두피세포의 손상을 막아주고 두피에 수분 함유를 유지해줘서 탈모 예방에도 좋습니다.

당근 50g (약 5큰술),
버터 7g (약 1/2큰술),
달걀 50g (1개),
설탕 70g (약 4큰술 + 1작은술),
우유 50g (약 3+1/3큰술),
바닐라에센스 약간,
아몬드 15g (약 1큰술),
건포도 10g (약 2작은술)

체에 내리기

밀가루(박력분) 100g (약 1컵),
황설탕 17g (약 1큰술 + 2/5작은술),
베이킹파우더 7g (약 1/2큰술),
소금 2g (약 1/2작은술)

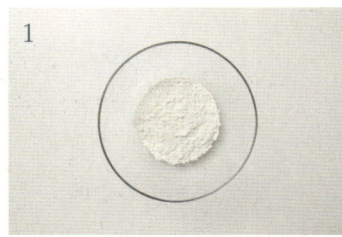

1 밀가루, 황설탕, 베이킹파우더, 소금은 체에 쳐서 둔다.

체에 치는 이유는 밀가루의 덩어리진 것을 골라내기 위한 것과, 밀가루 사이에 공기를 많이 함유하게 해서 빵이 더 잘 부풀어오르도록 하기 위한 것이다.

2 당근은 1cm로 채썬다. 버터는 중탕해서 녹인다. 냄비에 물을 넣고 끓으면 그 위에 버터를 넣은 그릇을 넣어 약불에서 5분간 녹이면 된다.

3 달걀에 설탕을 넣고 거품기로 잘 젓는다. 거의 레몬색이 날 정도가 되면 녹여둔 버터와 우유, 바닐라에센스를 넣는다. 당근과 체에 친 가루를 전부 넣는다.

바닐라에센스가 없으면 생략해도 된다.

4 컵케이크용 컵에 2/3 정도만 반죽을 붓고 위에 아몬드와 건포도를 얹는다.

컵케이크용 컵은 마트 등에서 다양한 모양으로 판매하고 있다. 없으면 쿠킹호일을 컵 모양으로 만들어서 사용해도 된다.

5 전기밥솥에 컵을 넣고 25~30분간 익힌다. 일반 백미 코스로 취사 버튼을 한 번 누르고, 다 되면 한 번 더 누르면 된다.

당근 대신 고구마나 견과류를 넣고 만들어도 맛있다.

잘 알아만요

빵이나 케이크에 풍미를 더해주는 바닐라향

바닐라향 제품은 주로 제과용품 전문점이나 인터넷쇼핑몰에서 구입할 수 있습니다. 종류는 다음 2가지가 있어요.

• **바닐라에센스** : 바닐라향 성분을 알코올에 녹인 것으로, 제과에 많이 사용
• **바닐라오일** : 오일에 바닐라향을 첨가한 것으로, 에센스보다 향이 강함

뽀빠이
기운
받아라!

시금치수제비

잘 먹지 않는 채소 쉽게 먹이기

시금치는 비타민과 칼슘, 철분이 풍부해 아이들에게 좋은 건강식품이지만 시금치를 싫어하는 아이가 적지 않습니다.
그럴 때는 시금치를 갈아넣어 만든 반죽으로 수제비를 만들어주세요. 색깔도 평소와 다르게 예쁜 초록색으로
아이들 입맛을 사로잡는 간식이 됩니다.

시금치 20g (약 1큰술 + 1작은술),
돼지호박 20g (약 2작은술),
감자 10g (약 1큰술),
양파 10g (약 2/3큰술),
생표고버섯 10g (약 1+1/2큰술),
조갯살 10g (약 2/3큰술)
☆ 국물 : 멸치다시마육수 500ml
(약 2+3/4컵)
☆ 가루 : 밀가루 50g (약 3큰술 +
1작은술)
☆ 양념 : 국간장 2g (약 1/2작은술),
다진파 3g (약 3/5작은술)

1 시금치를 끓는 물에 넣고 중불에서 1분간 데친 다음 찬물에 헹군다. 물기를 짜고 믹서에 곱게 간다.

시금치가 믹서에서 잘 안 갈리면 물을 조금 넣고 간다.

2 밀가루는 체에 내린다. 생수를 조금씩 붓고 치대면서 갈아둔 시금치를 넣어 반죽한다. 말랑말랑하게 반죽한 다음 비닐봉지에 담아 봉해서 냉장고에 넣고 1시간 정도 숙성시킨다.

3 돼지호박, 감자, 양파, 생표고버섯은 2cm로 나박썬다. 조갯살은 흐르는 물에 씻는다.

마트에서 조갯살만 따로 냉동해 파는 것을 구입하면 편리하다.

4 멸치다시마육수를 끓여 반죽을 수제비로 떼어 넣고 조갯살, 감자를 넣고 중불에서 20분간 끓인다. 표고버섯, 양파, 돼지호박을 넣는다.

멸치다시마육수 만드는 법은 42쪽 참고.

5 수제비가 떠오르면 국간장으로 간을 한다. 중불에서 10분간 끓이고 다진파를 넣는다.

가족밥상활용법

밀가루에 시금치만이 아니라 당근즙, 단호박즙, 비트즙 등 다양한 천연 채소즙을 넣어서 색다르고 예쁜 수제비를 만들 수 있다. 특히 비트는 뿌리채소라서 몸에도 좋고, 붉은색이 선명하게 들어서 아이들이 좋아한다.

잠깐만요

수제비, 칼국수 반죽 숙성시키기

수제비나 칼국수 반죽을 한 다음에 곧바로 조리하면 푸석하고 맛이 없습니다. 반죽을 비닐로 싼 다음 냉장고에 넣어 최저 30분에서 1시간가량 숙성시키면 밀가루 특유의 향이 사라지고 식감이 더욱 쫄깃해집니다.

맛도
영양도
OK!

고구마맛탕

부드럽고 달달한 맛

면역력 증강 식품인 고구마는 밥보다 칼로리가 적으면서 위에 머무는 시간이 길어 허기를 덜 느끼게 해주고,
식물성 섬유질이 변비와 숙변을 해소해줍니다. 고구마 1개를 먹으면 하루에 필요한 양을 모두 섭취할 수 있을 정도로
비타민 C가 풍부해 피부미용에도 좋습니다.

고구마 100g (약 2/3컵),
흑설탕 20g (약 1큰술 + 1작은술),
밤채 5g (약 1작은술),
검은깨 한꼬집

☆ **기름 : 튀김용 기름 넉넉히,**
   식용유 20g (약 1큰술 + 1작은술)

1 고구마는 껍질을 벗기고 2.5cm의 삼각형 모양으로 썬다.

2 160~170℃의 튀김용 기름에 고구마를 넣고 젓가락으로 저어가면서 중불에서 8분간 노릇노릇하게 튀긴 다음 체에 받쳐둔다.

튀김옷을 조금 넣었을 때 바로 거품이 부글부글 올라오면 튀기기에 적당한 온도다.

3 프라이팬에 식용유를 두르고 흑설탕을 얇게 펴서 약불에 녹여 시럽을 만든다. 시럽의 색이 튀긴 고구마와 같은 색이 되도록 한다.

설탕을 부은 다음 젓지 말고 가만히 둔다. 녹기 시작하면 노란색을 띠는데 이때부터 저어가면서 끓인다.

4 시럽에 실이 생기고 갈색이 나면 불을 끈다. 고구마를 넣어 골고루 섞으면서 시럽을 묻힌다.

실은 시럽을 젓가락으로 찍어 들어올렸을 때 끊어지지 않고 얇게 늘어지는 상태를 말한다.

5 뜨거울 때 접시에 담고 밤채와 검은깨를 뿌린다.

고구마가 접시에 붙지 않게 하려면 물을 약간 발라주는 것이 좋다.

가족밥상활용법

고구마 대신 단호박이나 감자로 대체해도 좋으며, 검은깨나 밤채 대신 잘게 다진 견과류로 대체해도 좋다.

즉석과일잼

제철 과일로 만드는 즉석잼

즉석과일잼은 시중에서 판매하는 찐득한 형태의 잼이 아닙니다. 설탕의 양이 적어서 생과일 볶은 정도의 신선한 느낌을 주는 즉석잼이에요. 따라서 저장기간이 길지 않으므로 필요할 때마다 제철 과일로 만들어서 먹이면 됩니다. 딸기, 복숭아 등의 과일을 같은 레시피로 만들어보세요.

달콤한
매력에
빠지자

포도 50g (약 3+1/3큰술),
사과 30g (약 3큰술),
배 30g (약 3큰술),
설탕 20g (약 1큰술 + 1작은술),
올리고당 20g (약 1큰술 + 1작은술),
플레인요구르트 120g (약 1컵)

1 포도는 껍질과 씨를 제거하고 2등분한다. 사
과, 배는 1cm로 깍둑썬다.

2 프라이팬에 과일과 설탕, 올리고당을 넣고 중
불로 뭉근하게 10~15분간 끓인다.

3 잼이 완성되면 플레인요구르트에 넣어 먹인
다. 혹은 잼을 식빵에 발라서 먹여도 좋다.

잠깐만요

잼으로 만들기 적당한 과일은?

잼이 만들어지기 위해서는 펙틴, 산, 당분이라는 3가지 요소가 갖추어져 있어야 합니다. 펙틴은 과일을 졸였을 때 잘 엉기도록 도와줍니다. 산은 pH 2.8~3.5 정도가
가장 적절하며, 당분은 60~70%가 이상적입니다. 오렌지, 귤, 사과, 딸기 등은 펙틴이 많이 함유되어 있어서 잼을 만들 수 있지만, 파인애플이나 배, 감 등은 펙틴이
부족해 잼으로 만들기 어려워요.

O   O   O   X   X   X

간식 :
생후 15개월
~7세

감기 예방
간식

늙은호박김치지짐

겨울 보약 늙은호박

늙은호박은 혈관기능을 강화해주고 몸 속의 독소를 배출해 혈액순환에 도움이 되어 동맥경화나 심근경색을 예방해줍니다.
또 가래를 뱉어내는 작용을 하기 때문에 가래 섞인 기침을 하거나 가래로 힘들 때 먹으면 도움이 됩니다.

늙은호박 50g (약 5컵),
양파 10g (약 2/3큰술),
부추 3g (약 1작은술),
홍피망 5g (약 2/3큰술),
백김치 20g (약 1큰술 + 1작은술)

☆ **가루 : 밀가루 20g** (약 1큰술 +
　1작은술)

☆ **기름 : 식용유 10g** (약 2작은술)

☆ **양념 : 소금 한꼬집**

1 늙은호박은 껍질을 벗기고 씨를 발라낸 다음
　 믹서에 곱게 간다.

2 양파, 부추는 2cm로 채썬다. 홍피망은 0.5cm
　 로 채썬다. 백김치는 꼭 짜서 잘게 다진다.

　 백김치 대신 배추김치를 물에 헹궈서 사용해도 된다.

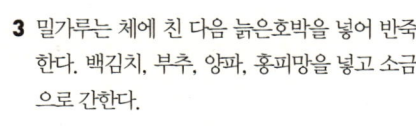

3 밀가루는 체에 친 다음 늙은호박을 넣어 반죽
　 한다. 백김치, 부추, 양파, 홍피망을 넣고 소금
　 으로 간한다.

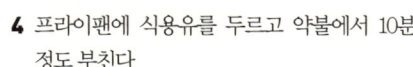

4 프라이팬에 식용유를 두르고 약불에서 10분
　 정도 부친다.

가족밥상활용법

3번 단계에 일반 김치를 넣어서 부쳐도 맛있다.
이 시기 아이는 어느 정도 매운맛에 익숙하다.
두 가지 종류로 늙은호박김치지짐을 만들어
매운맛에 적응하도록 해보자.

잘 알 아 봐 요

늙은호박 보관법

늙은호박은 10~12월이 제철입니다. 늙은호박을 장기간 보관하려면 햇볕이 들지 않는 서늘한 곳에 보관합니다. 잘라서 보관할 때는 먼저 잘 씻어
서 씨를 파내고 껍질을 벗긴 다음, 지퍼백에 나누어 담아 김치냉장고에 보관하면 됩니다.

바나나스무디

여름철 최고 음료 간식

더운 계절이 오면 찬 음료를 많이 찾는 아이들에게 시중에서 파는 청량음료를 주기보다는 직접 스무디를 만들어주세요. 과일을 갈아 만든 스무디는 시원하고 영양도 풍부해, 땀을 많이 흘리는 계절에 아이들 건강음료로 안성맞춤입니다.

손쉽게
만들어요

바나나 100g (약 2/3컵),
얼음 70g (약 1/2컵),
생크림 10g (약 2/3큰술),
우유 70g (약 1/2컵),
꿀 7g (약 1/2큰술)

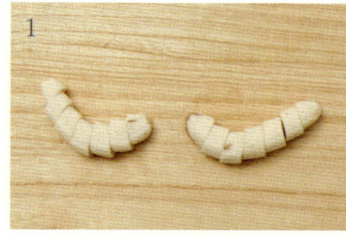

1 바나나는 껍질을 벗겨서 믹서에 갈기 좋은 크기로 자른다.

스무디는 냉동 과일을 써도 무방하다. 바나나 역시 얼려두었다가 사용해도 상관없다.

2 얼음을 잘게 부숴 믹서에 갈기 쉽게 만든다.

3 믹서에 바나나, 얼음, 생크림, 우유, 꿀을 넣고 부드러운 스무디 상태가 될 때까지 간다.

얼음이 갈리면서 약간 걸쭉한 느낌이 나면 잘 갈린 것이다.

4 냉장고에 넣어두고 차게 해서 먹인다.

가족밥상활용법

파인애플, 키위, 블루베리 등을 믹서에 갈아 다양한 스무디를 만들 수 있다.

잘 관 한 만 요

시원한 건강음료, 스무디

스무디는 과일이나 채소를 갈아서 얼음, 요구르트, 우유 등을 첨가해 만든 건강음료입니다. 형태는 주스, 쉐이크, 슬러시 등을 혼합한 모양이며, 땅에서 나는 거의 모든 식물을 재료로 스무디를 만들 수 있어요.

소화기 약한 아이들, 잘 익은 바나나 먹이기

소화기가 약한 아이들에게는 잘 익은 바나나를 주세요. 껍질이 노란 바나나보다 반점이 군데군데 생긴 바나나가 잘 익은 것입니다. 떫은맛이 안 나고 단맛이 강하며 소화가 잘됩니다. 바나나는 껍질을 벗기면 금세 까맣게 변합니다. 장기간 보관하려면 껍질을 까고 양쪽 끝 부분을 잘라낸 다음 밀폐용기에 넣어 냉동보관하세요.

1. 공부 잘하는 두뇌음식, 키 쑥쑥 성장음식

2. 식욕부진, 편식, 비만, 알레르기 해결책

부록

공부 잘하는 두뇌음식, 키 쑥쑥 성장음식

1 | 집중력 높이는 두뇌음식

두뇌음식, 왜 필요한가?

생후 24개월 전후는 1차적으로 뇌성장에서 가장 중요한 시기인데, 1,000억 개에 이르는 뇌세포가 만 2세를 전후해 70%가 형성되기 때문입니다. 그리고 이후 만 7세까지 90% 정도가 형성됩니다. 이 시기 영양섭취가 그만큼 중요할 수밖에 없습니다.

골고루 잘 먹는 것은 신체건강을 위해서는 물론이고 두뇌발달에도 가장 중요한 조건입니다. 내 아이를 똑똑하게 키우고 싶다면 어려서부터 뇌를 보호하고 발달시키는 식품을 많이 먹는 것이 좋습니다.

만약 아이가 특정한 식재료를 거부한다면 조리 방식을 바꿔서라도 잘 먹게 해주어야 합니다. 뇌세포의 주요 구성성분인 단백질과 필수지방산(오메가지방산 등, 258쪽 참조)은 충분히 섭취해야 하며, 뇌의 에너지대사를 원활하게 도와주는 비타민 B군, 비타민 C, 비타민 E, 칼슘, 아연 등의 섭취도 중요합니다. 이러한 영양소는 하루 세 끼 식사를 규칙적으로 하고, 여러 가지 음식을 골고루 먹으면서 자연스럽게 섭취하는 것이 좋습니다.

두뇌에 좋은 음식 총정리

① 호두, 잣, 견과류

견과류는 최고의 두뇌음식입니다. 견과류에는 불포화지방산이 많아서 뇌신경을 안정시키며 성장을 촉진시키는 칼슘과 비타민 B도 풍부합니다. 두뇌발달에 필요한 비타민 A, B, 미네랄도 함유되어 있어서 아이의 두뇌활동을 활발하게 합니다.

호두나 잣, 아몬드, 해바라기씨 등 견과류를 통째로 먹여도 좋지만, 다양한 음식에 토핑으로 사용해 거부감 없이 접하게 해주세요. 단, 땅콩은 알레르기에 민감한 아이들도 있으니 잘 살펴봐야 할 것입니다.

② 콩

뇌세포가 파괴되었을 때 회복을 돕는 것이 바로 레시틴인데, 콩(완두콩, 대두, 서리태, 병아리콩, 렌틸콩 등)에는 이 레시틴이 많이 함유되어 있습니다.

콩에 함유된 단백질은 쇠고기보다 질이 좋고 함량도 높습니다. 콩의 지방산인 리놀렌산은 혈중 콜레스테롤을 씻어내서 혈액정화 작용을 돕습니다. 칼슘과 인, 칼륨 등 미네랄도 풍부해 아이들이 꼭 먹어야 하는 음식이지요.

콩은 조리방법에 따라 체내 영양소 흡수율이 달라집니다. 삶은 콩은 단백질 흡수율이 60% 전후이며, 두부와 두유는 90%가 넘습니다. 밥을 지을 때 다양한 콩을 넣어 지어보세요. 두부는 반찬과 국에, 두유는 간식으로 자주 준비해주면 좋습니다.

③ 채소 : 브로콜리, 토마토, 뿌리채소

브로콜리는 철, 칼슘, 비타민 C가 많습니다. 비타민 C는 세포가 산화되는 것을 막아주며 면역력도 높여주지요. 특히 스트레스를 잘 받는 아이들에게 좋습니다.

토마토는 리코펜이라는 성분으로 유명한데, 이는 두뇌와 신경세포를 보호하는 강력한 산화방지제입니다. 토마토는 두뇌능력을 향상시키고 신경전달 물질을 생성하는 다양한 미네랄을 함유하고 있으며, 비타민 B도 들어 있습니다. 토마토는 익혀 먹으면 영양흡수가 잘 됩니다.

우엉이나 연근 같은 뿌리채소도 두뇌를 튼튼하게 해줍니다. 모두 중요한 식재료이니 아이들 밥상에 자주 올려주세요.

패스트푸드는 뇌발달을 저해한다

아이들은 대부분 햄버거나 감자튀김, 피자 같은 음식을 좋아합니다. 엄마아빠도 외식 때 아무렇지 않게 생각하고 아이에게 먹이는데, 꼭 기억해두어야 할 것이 있습니다.

패스트푸드에 들어 있는 포화지방산은 아이의 뇌세포 성장을 방해합니다. 포화지방은 뇌에 누적되는데, 동물성 고지방 식품을 많이 먹을수록 '두뇌 비활성화' 위험이 높아져 결국에는 학습능력에 손상을 입게 됩니다.

어쩌다 한 번 먹는 것은 크게 문제되지 않지만, 습관적으로 먹는 것은 뇌세포에 직접적인 영향을 주어 학습능력이 떨어지게 만듭니다.

패스트푸드가 나쁜 것은 포화지방산과 더불어 트랜스지방 함유량이 높기 때문입니다. 일반적으로 트랜스지방은 액체 상태의 불포화지방을 고체화하기 위해 수소를 첨가해 만들어진 것으로, 포화지방산만큼이나 몸에 해롭습니다.

외식 때 자주 먹게 되는 치킨, 프렌치프라이, 팝콘, 쿠키 등은 트랜스지방을 사용해 만든 것입니다. 이런 식품은 잠재적인 암 유발물질을 함유하고 있습니다.

집중력을 높이는 유아식

산성식품을 많이 먹고 칼슘의 섭취량이 적은 경우, 조바심이 생기고 성질이 급해지면서 산만해질 수 있습니다. 이런 아이에게는 칼슘을 섭취하게 하는 것이 좋습니다. 칼슘이 진정효과와 지구력을 키우는 데 큰 몫을 담당하기 때문입니다.

일반적으로 칼슘이 많은 식품이라면 뼈째 먹는 생선인 멸치가 거론되는데, 멸치에는 칼슘도 많지만 인산의 함량이 더 많아서 사람이 실제 섭취하는 칼슘의 양은 아주 작습니다.

칼슘을 손쉽게 섭취할 수 있는 식품으로 우유가 있지만, 우유를 좋아하지 않는 아이의 경우 다른 식품으로 대체해서 섭취하도록 하는 것이 좋습니다.

미역, 다시마, 톳, 김 등의 해조류에 칼슘이 많이 들어 있습니다. 특히 마른미역에는 분유만큼의 칼슘이 들어 있고 아르기닌산 등 식이성 섬유가 풍부해 콜레스테롤 제거 효과도 크고 변비 치료에도 매우 효과적입니다.

칼슘뿐 아니라 이 시기에 부족하기 쉬운 영양소 중 하나가 철분입니다. 철분이 부족할 경우 뇌에 혈액과 산소 공급이 부족해져 두뇌발달이 저해될 수 있습니다.

아침식사가 아이의 집중력을 좌우한다

아침을 거르면 집중력이 떨어지고 학습능력이 저하됩니다. 뇌세포는 아침에 눈을 뜨는 순간부터 서서히 활동을 시작합니다. 뇌가 활동하는 데는 많은 에너지가 필요한데, 끼니를 거르면 에너지 부족으로 인해 두뇌가 제 할 일을 다 하지 못하게 됩니다.

그러므로 아침식사는 반드시 해야 합니다. 맛있게 아침을 먹으면 에너지가 충전되고, 또 씹는 것이 두뇌를 자극해 집중력과 창의력이 더욱 발달합니다.

아기를 똑똑하게 하는 지방은 따로 있다?
오메가 3, 6, 9 (DHA, EPA)

아이에게 필요한 지방산으로 오메가지방산이 있습니다. 이는 불포화지방산으로 오메가 3 지방산과 오메가 6 지방산, 오메가 9 지방산으로 나뉩니다.

지방산은 체내에서 생리활성을 담당하는 물질로 전환되기 때문에 정상적인 발육과 유지에 필수적이고, 체내에서 합성할 수 없기 때문에 식품으로 섭취해줘야 합니다. 각 지방산마다 하는 역할이 다르기 때문에 오메가 3, 6, 9를 골고루 섭취해주는 것이 좋습니다.

각 지방산별 섭취 비율은 오메가 3 : 오메가 6 = 1 : 4~10이 가장 이상적입니다. 현재 일반적인 사람들의 식습관은 오메가 6를 오메가 3보다 20배 많이 섭취하고 있는 실정입니다. 오메가 6를 오메가 3보다 많이 섭취하면 오메가 3에 사용되어야 하는 효소를 오메가 6에 모두 사용해버려 정작 오메가 3에 사용할 효소가 고갈됩니다.

---

① 오메가지방산의 종류와 기능

- 오메가 3(DHA, EPA) : 고등어, 연어, 참치, 정어리 등에 풍부하며, 식물성 플랑크톤이나 해조류(클로렐라) 등에도 함유되어 있습니다. 급원식품은 등푸른생선, 들기름입니다.
- 오메가 6(GLA) : 건강을 유지하는 데 필수적인 물질로, 체내 모든 기관을 조절하는 호르몬 유사물질인 프로스타글란딘의 생체 내 합성에 꼭 필요합니다. 급원식품은 콩기름, 참기름입니다.
- 오메가 9(OA) : 혈청 콜레스테롤 농도는 낮추고 고밀도 콜레스테롤의 농도는 저하시키지 않으며, 모유에도 가장 많이 함유된 지방산으로 아기의 성장, 발달을 도와줍니다. 급원식품은 현미유, 올리브유입니다.

② 오메가 3의 기능

- DHA : 뇌와 망막, 중추신경계조직, 심장근육 등의 세포막에 인지질 형태로 존재합니다. 뇌와 신경조직, 망막조직의 중요 구성성분입니다.
- EPA : 비정상적인 혈액응고 작용과 간에서 중성지방의 합성을 방해해 혈액의 흐름을 도와줍니다.

③ 동물성 오메가 3와 식물성 오메가 3의 차이

- 동물성 오메가 3 : 생선에서 추출
  → DHA, EPA
- 식물성 오메가 3 : 견과류 또는 아마씨 등
  → ALA, 해조류(플랑크톤) → DHA, EPA

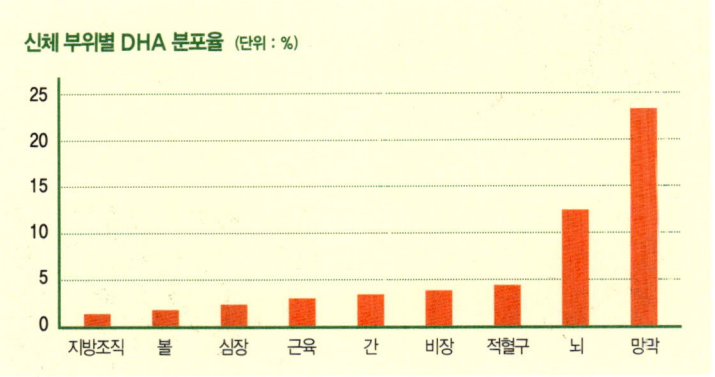

신체 부위별 DHA 분포율 (단위 : %)

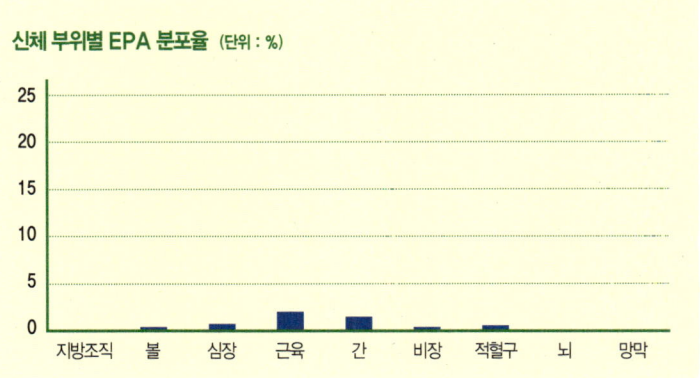

신체 부위별 EPA 분포율 (단위 : %)

2 | 키 쑥쑥 성장음식

키 크는 유아식

키는 유전이라고 생각하는 사람이 많습니다. 그러나 만 2세까지만 유전적인 부분이나 생리조건 등에 의해 많은 부분이 좌우되고, 만 3세쯤이 되면 외부조건에 의해 성장발달이 이루어진다고 합니다. 통계에 따르면 키에 미치는 영향은 유전 23%, 영양 31%, 운동 20%, 환경 26%라고 합니다.

키가 작은 유전자를 가지고 태어났더라도 충분한 영양 섭취와 적절한 운동, 충분한 수면과 스트레스가 적은 환경 등을 잘 갖추어주면 부모보다 10~20cm 정도는 더 자랄 수 있습니다.

아이의 키를 결정하는 데 있어 만 3~7세는 매우 중요한 시기입니다. 모유나 분유에서 완전히 벗어나 본격적으로 음식을 통해서만 영양을 섭취하게 되기 때문에 6대 영양소가 골고루 포함된 식단이 필요합니다. 특히 단백질과 칼슘은 빼먹지 말아야 할 영양소로 쇠고기, 등푸른생선, 멸치, 우유, 치즈, 두부, 시금치, 콩나물, 당근 등에 풍부합니다. 이런 식품을 다양한 형태로 조리해 접하게 해주고 골고루 꼭꼭 씹어서 먹도록 해주어야 합니다.

> **성장 필수 영양소**
>
> **단백질 + 칼슘**
>
> (쇠고기, 등푸른생선, 멸치, 우유, 치즈, 두부, 시금치, 콩나물, 당근)

키 크는 식습관

① 잠자기 전 카페인이 든 식품은 피합니다. 초콜릿이나 콜라처럼 카페인이 든 식품은 뇌를 자극해 숙면을 취하는 데 방해가 됩니다.

② 탄산음료나 사탕처럼 단맛이 강한 음식은 피합니다. 탄산음료에 많은 설탕은 칼슘이 뼈로 흡수되는 것을 방해합니다. 또한 지나친 당분은 성장호르몬 분비를 억제하므로 피하는 것이 좋습니다.

③ 패스트푸드나 인스턴트식품은 절대 먹지 않습니다. 패스트푸드나 인스턴트식품은 영양에 비해 열량이 높고, 고단백의 대사 과정에서 칼슘을 빠져나가게 합니다.

④ 식사 후 10분 정도는 휴식을 취합니다. 식사 후 바로 뛰어노는 것은 음식물의 소화 흡수를 방해할 수 있습니다.

⑤ 편식이나 소식을 하지 않습니다. 고른 영양소를 섭취하지 못하면 영양의 불균형을 초래해 키가 클 수 없습니다.

3 | 친환경 농축산물 알고 고르기

두뇌음식, 성장음식에 필요한 식재료를 고를 때 엄마들은 아이를 위해 친환경 농축산물을 구입하고 싶어합니다. 온라인과 오프라인을 비롯해 다양한 매체에서 홍보도 하고, 대형마트나 재래시장에서도 저마다 인증된 친환경 식재료라며 판매하고 있지요.

친환경, 유기농, 무농약, 저농약, 무항생제 등 '친환경 농축산물 인증제도'와 관련된 용어들이 너무 많아서 헷갈리기도 합니다. 사실 이런 용어가 붙은 식재료들이 막연하게 좋다는 것만 알 뿐 정확히 어떻게 구분되는지 제대로 아는 엄마는 드물 것입니다. 이번 기회에 아이들을 위해 자세히 알아두면 여러모로 쓸모가 있을 것입니다.

친환경 농축산물과 인증 표시

친환경 농산물은 환경을 보존하고 소비자에게 안전한 농산물을 공급하기 위해 농약과 화학비료, 사료첨가제 등을 전혀 사용하지 않았거나 최소량만 사용해 생산한 농산물입니다. 정부는 친환경 농산물을 전문인증기관을 통해 엄격한 기준으로 선별·검사해 안정성을 인증해주며, 초록색 사각형으로 단순화한 인증 표시를 사용하고 있습니다.

* 친환경 농산물 인증 종류는 '유기농산물', '무농약농산물', '저농약농산물' 이렇게 세 가지입니다. 그리고 친환경 축산물은 '유기축산물', '무항생제축산물' 두 가지가 있습니다.

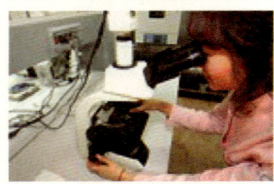

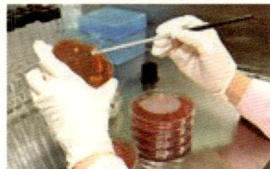

친환경 농축산물 종류 ① 유기농산물, 유기축산물

유기농산물은 유기합성농약과 화학비료를 일체 사용하지 않고 재배한 농산물을 말합니다.(전환기간 : 다년생작물은 3년, 기타 작물은 2년)

유기축산물은 인증기준에 맞게 재배·생산된 유기사료를 먹이면서 인증기준을 지켜서 사육·생산한 축산물을 말합니다.

－유기농산물, 유기축산물 또는 유기○○(○○는 농산물의 일반적인 명칭으로 한다.)
－유기재배농산물, 유기재배 ○○ 또는 유기축산 ○○

친환경 농축산물 종류 ② 무농약농산물, 무항생제축산물

무농약농산물은 유기합성농약은 일체 사용하지 않고, 화학비료는 권장량의 1/3 이내를 사용해 재배한 농산물을 말합니다.

무항생제축산물은 항생제와 항균제 등이 첨가되지 않은 일반사료를 급여하면서 인증기준을 지켜 사육·생산한 축산물을 말합니다.

－무농약농산물 또는 무농약○○
－무농약재배농산물 또는 무농약 재배○○

－무항생제 축산물, 무항생제 ○○또는 무항생제 사육○○

친환경 농축산물 종류 ③ 저농약농산물

저농약농산물은 화학비료는 권장량의 1/2 이내를 사용하고, 농약살포 횟수는 농약안전사용기준의 1/2 이하를 사용해 재배한 농산물을 말합니다. 사용시기는 농약안전사용기준의 2배수를 적용합니다. 또한 제초제는 사용하지 않아야 하며, 잔류 농약 역시 식품의약품안전청장이 고시한 '농산물의 농약잔류 허용기준'의 1/2 이하여야 합니다.

－저농약농산물 또는 저농약○○
－저농약재배농산물 또는 재농약 재배○○

	채소, 콩			과일	해산물
1월	고구마, 늙은호박, 당근, 무, 두부, 콩비지, 연근, 브로콜리, 우엉, 시금치	딸기			고등어, 명태, 동태, 가자미, 삼치, 새우, 낙지, 대구, 김, 물미역, 홍합, 굴, 병어
2월	미나리, 쑥, 무, 봄동, 시금치, 양파, 우엉, 브로콜리	딸기			명태, 고등어, 광어, 삼치, 낙지, 새우, 대구, 김, 물미역, 홍합, 굴, 전복, 파래, 병어
3월	브로콜리, 봄동, 열무, 우엉, 마늘종, 냉이, 머위순, 버섯, 쪽파, 더덕, 부추	딸기, 토마토			주꾸미, 도미, 꼬막, 모시조개, 물미역, 조기, 바지락, 톳, 피조개, 도미, 꽃게, 굴, 병어
4월	고사리, 머위, 상추, 부추, 양상추, 양파, 완두콩, 양배추	참외, 토마토			도미, 꽃게, 참조기, 전복
5월	고구마순, 부추, 미나리, 상추, 아욱, 양파, 완두, 죽순, 파, 오이, 애호박, 매실	딸기, 매실, 자두, 앵두, 참외, 수박			멸치, 오징어, 새우, 참치, 꽁치, 전복
6월	감자, 근대, 오이, 애호박, 깻잎, 아욱, 옥수수, 콩	살구, 참외, 토마토, 자두, 복숭아, 수박, 포도			갑오징어, 오징어, 광어, 갈치, 전갱이
7월	부추, 감자, 아욱, 가지, 깻잎, 근대, 오이, 피망, 양상추, 옥수수, 콩	멜론, 복숭아, 수박, 자두, 참외, 포도			농어, 장어, 갑오징어, 오징어, 갈치
8월	가지, 감자, 아욱, 강낭콩, 근대, 애호박, 깻잎, 도라지, 양파, 콩, 브로콜리	멜론, 복숭아, 포도, 수박			갈치, 오징어, 전복
9월	느타리버섯, 아욱, 도라지, 순무, 당근, 늙은호박, 부추, 시금치	토마토, 호두, 무화과, 대추, 포도			갈치, 꽃게, 새우, 오징어, 조기, 전어, 장어, 광어, 굴, 연어
10월	순무, 양송이버섯, 팥, 도라지, 늙은호박, 도토리, 쪽파, 부추, 고구마	모과, 밤, 사과, 오미자, 유자, 은행, 잣, 대추			꽃게, 갈치, 삼치, 가자미, 굴, 고등어, 꽁치, 낙지, 대하, 대합, 병어 홍합, 연어, 장어, 광어, 굴
11월	늙은호박, 당근, 무, 배추, 시금치, 연근, 우엉, 쪽파	감, 귤, 모과, 배, 사과, 오미자, 유자, 키위			갈치, 고등어, 삼치, 대구, 명채, 새우, 대합, 문어, 병어, 연어, 오징어, 옥돔, 참치, 굴, 광어
12월	콜리플라워, 늙은호박, 무, 배추, 브로콜리, 연근, 시금치	딸기, 귤, 대추, 바나나			대하, 병어, 동채, 낙지, 김, 생미역, 갈치, 삼치, 고등어, 대구, 동태, 가자미

식욕
부진,
편식, 비만,
알레르기
해결책

부록 2

1 | 식욕부진

식욕부진은 왜 생길까?

돌 이후 아이들은 이전에 비해 성장률이 줄어들면서 배고픔을 덜 느끼게 됩니다. 게다가 자아의식이 발달하면서 먹고 싶지 않을 때는 음식을 먹으려 하지 않습니다. 하지만 며칠 이상 계속해서 식사에 관심을 가지지 않는다면 이유를 잘 살펴봐야 합니다.

식욕부진은 대부분 간식을 자주 먹거나 한 번에 많이 먹는 경우, 운동량이 부족한 경우, 감기나 내분비선 등에 질병이 있을 때, 지나치게 음식을 강요했을 때 나타납니다.

식욕부진은 단어의 뜻 그대로 음식을 먹고자 하는 욕구가 떨어진 것을 말합니다. 일시적인 식욕부진인 경우 시간이 지나면 자연스럽게 회복되지만, 오랜 시간 지속될 경우 원인을 찾아 치료해줘야 합니다.

영양소를 제때 공급해줘야 하는 시기에 식욕부진이 계속되면 저체중이나 성장장애를 유발할 수 있으므로, 아이의 식습관과 식욕 등을 세심히 살펴주세요. 만약 병리학적 문제가 아니라 말 그대로 일시적인 식욕부진이라면 맛과 즐거움이 담긴 식단을 고민해야 합니다.

식욕부진을 해결하려면?

식욕부진을 해결하기 위해서는 원인을 잘 파악해 아이의 눈높이에서 아이를 이해하고 즐거운 식사 분위기를 만들어줄 수 있어야 합니다.

아이가 싫어하는 채소의 경우 믹서에 갈아 즙을 내서 섞거나, 잘게 썰어 아이가 좋아하는 음식에 섞어서 조리하거나, 혹은 아이가 좋아하는 그릇에 함께 내면 저항감이 좀 줄어듭니다.

① 새로운 음식을 줄 때는 채소나 과일 중 1가지를 반드시 이용합니다.
② 식사 전에는 안정된 분위기를 만들어 식욕을 돋울 수 있도록 합니다.
③ 억지로 먹이면 식욕이 떨어질 수 있으니 주의합니다.
④ 정해진 시간에 규칙적으로 식사하는 습관은 식욕을 높이는 데 유용하고 건강도 지켜줍니다.

2 | 편식

빈혈, 소아비만 유발하는 편식

편식은 특정 종류의 식품만을 선호하거나 거부하는 것인데, 제한된 섭취를 하다 보니 편중된 영양을 섭취하게 되어 성장장애나 빈혈, 소아비만 등의 문제를 유발합니다.

편식을 하는 이유는 여러 가지가 있습니다. 이유기에 다양한 음식을 접해보지 못했거나 가족 중 편식하는 사람이 있는 경우, 어떤 음식을 먹고 아팠던 경험, 식사시간이나 간식시간이 불규칙한 경우에 편식이 야기될 수 있습니다.

엄마아빠가 좋아하는 음식이 편중되어 있을 경우 아무리 신경을 써도 아이 역시 엄마아빠가 좋아하는 음식만 편식할 수 있습니다.

이럴 경우 어른들의 편식 습관을 바꾸거나, 아이를 위한 식단을 짜고 영양상태를 면밀히 관찰하고 공급해줄 필요가 있습니다.

편식할 때는 억지로 먹이려고 애를 쓰면 쓸수록 더 거부감이 커지기 때문에, 영양이 비슷한 다른 식품으로 대체하거나 조리방법을 다르게 해주는 것이 도움이 됩니다.

채소 편식을 줄이는 방법

① 아기가 싫어하는 채소를 캐릭터로 만들어 거부감을 줄이고 친밀감을 높여줍니다.

② 아기가 싫어하는 채소를 눈치채지 못할 정도로 곱게 자르거나 갈아서 주먹밥이나 볶음밥에 섞어서 줍니다.

③ 주스 형태로 과일의 비중을 늘리고 채소의 비중을 적게 만들어서 주다가, 점차 채소의 양을 늘려 채소 맛에 조금씩 적응하도록 합니다.

④ 채소의 질감이 거친 부분을 부드럽게 데치거나 볶아서 아이가 거부감 없이 접할 수 있게 해줍니다.

⑤ 아기가 심하게 거부하더라도 최소 8회 이상은 다양한 방법으로 먹을 수 있도록 시도해봅니다.

3 | 비만

비만

최근 식생활, 가정과 사회생활의 변화로 인해 소아비만이 증가하고 있습니다. 소아비만은 비만세포의 수가 늘어나 성인이 되어서도 비만이 될 확률이 매우 높고, 실제 통계를 보아도 10~13세 비만 어린이의 약 70%가 성인 비만으로 이어지고 있습니다.

소아비만인 경우 나타나는 합병증은 소아당뇨, 고혈압, 고지혈증, 지방간 등이 있습니다. 당뇨는 몸속에서 필요한 포도당을 생성하는 인슐린이 제대로 분비되지 않을 때 생깁니다. 만약 아이 소변에 거품이 많거나 냄새가 심하면 검사를 해보는 것이 좋습니다.

살이 찌면 고혈압도 동반됩니다. 피가 제대로 흐르지 못해 혈관의 압력이 높아지는 것이지요. 고지혈증은 핏속에 지방이 많은 상태를 말합니다. 고지혈증이 심해지면 어른들처럼 동맥경화가 생길 수도 있습니다. 뇌졸중, 심근경색 같은 합병증도 유발하고요.

지방간 하면 술과 고기를 자주 먹는 성인에게만 생길 것 같지만 소아비만이 심할 경우 아이들에게도 생깁니다. 지방간은 간 무게의 5% 이상이 지방일 때를 말합니다. 심해지만 역시 다양한 합병증이 생기므로 애초에 소아비만을 막는 것이 중요합니다.

소아비만을 그냥 방치할 경우 여러 가지 합병증을 불러오게 되므로 생활 자체를 개선하는 것이 중요합니다. 아이가 살이 찌게 된 원인을 제대로 파악하지 못한 채 몸무게 감량만을 위해 식사량을 줄이거나 평소 안 하던 운동을 무리하게 시키게 되면 오히려 성장을 방해할 수도 있으니 주의해야 합니다.

소아비만의 가장 큰 원인 1 - 간식 과다

특히 잘못된 간식 습관이 모든 식생활에 영향을 미치는 경우가 많은데, 엄마의 잘못된 간식 개념으로 더 악화되는 경우가 종종 있습니다. 많은 엄마들이 식사 이외의 간식은 달콤한 과자나 케이크 등을 주어도 괜찮다고 생각합니다.

하지만 12개월 이후부터는 하루 필요량의 10~15% 정도를 간식이 충당하게 되며, 이 10~15%는 열량뿐 아니라 영양적인 부분까지도 충당하는 것을 말하므로, 아이들의 간식은 반은 식사라고 생각해도 틀림이 없습니다.
따라서 영양에 비해 칼로리만 높은 음식은 비만의 원인이 될 뿐만 아니라 아기가 단맛에만 익숙해져 밥은 거부하면서 간식만 찾는 잘못된 식습관을 불러오게 됩니다.

소아비만의 가장 큰 원인 2 - 운동 부족, 심리 문제

그리고 운동이 부족한 경우나 스트레스, 애정갈구 같은 심리적인 요인이 있는 경우도 원인이 될 수 있고, 아주 드문 경우이기는 하지만 내분비선 장애, 시상하부 이상, 약물 부작용 등도 원인이 될 수 있습니다.
이 같은 비만은 성인병의 조기발현이나 관절 장애, 순환·호흡기 장애 등의 문제뿐 아니라 열등감이나 대인기피, 우울증, 부정적인 사고 등의 심리적인 문제도 일으킬 수 있기 때문에 소아비만을 예방할 수 있는 식습관을 길들여주는 것이 가장 현명한 방법입니다.
이런 이유로 소아비만인 경우 전문가의 도움을 받아 적절한 식이요법과 운동요법, 심리적인 안정감을 찾도록 도와주는 심리요법 등을 병행하는 것이 좋습니다.

4 | 알레르기

원인 발견이 어려운 알레르기

알레르기는 인체 내에 들어온 이물질에 대해 면역반응이 과민하게 나타나는 것을 말합니다. 알레르기 질환은 유전적인 요인이 많습니다. 부모 모두 알레르기 질환을 가지고 있을 때에는 80%, 한쪽만 있는 경우에도 60% 정도가 아이한테서 비슷한 증상이 나타납니다.
그러나 이러한 유전적인 요인 외에도 특정 음식이나 기온의 변화, 습도, 공기오염, 바이러스 감염 등 외부자극에 의해서도 증상이 일어날 수 있어서 쉽게 원인을 발견하고 해결책을 찾는 것이 쉽지 않습니다.

그러다 보니 일반적인 알레르기 약이나 민간요법에 의존하는 경우가 많이 생기는데, 그전에 가장 우선시되어야 하는 것은 아이의 하루 생활을 꼼꼼히 살펴보면서 알레르기 원인이 어떤 것인지 파악해보는 것입니다.
알레르기는 음식이 원인인 경우가 많아서, 알레르기에 좋지 않다는 모든 식품을 제한하는 부모님들이 많습니다. 하지만 그로 인한 영양 불균형을 초래하는 경우가 종종 발생하므로 이는 바람직하지 않습니다.

소아비만에 좋은 식품과 제한할 식품

좋은 식품	· 우유, 치즈, 달걀(프라이 제외) · 육류(살코기), 생선류 · 미역, 다시마 · 두부, 청국장, 콩류 · 당근, 시금치, 오이, 무, 배추 등 채소 · 사과, 배, 수박, 포도, 귤, 오렌지 등 과일
제한할 식품	· 흰쌀밥, 빵류, 라면, 국수, 스파게티 · 각종 튀김, 아이스크림, 버터, 마가린 · 설탕, 잼, 탄산음료 · 햄버거, 케이크, 만두, 과자류 · 땅콩 등의 견과류

그러나 알레르기를 일으키는 대표적인 식품은 알고 있어야 하며, 아이가 알레르기 반응을 보이는 원인식품을 찾았을 때는 바로 그 식품을 중단해야 합니다.

알레르기를 잘 일으키는 대표적인 식품은 우유, 달걀, 콩류, 갑각류, 땅콩, 견과류, 메밀, 초콜릿, 돼지고기, 오렌지, 토마토, 복숭아, 딸기 등입니다. 그 외에도 알레르기 반응을 보이는 식품이 있을 수 있으니, 이유기 때부터 아이의 먹을거리를 체크하면서 '이유일기'를 쓰는 것이 많은 도움이 됩니다.

또한 알레르기 원인식품을 찾았을 때는 그 영양원을 대체해줄 수 있는 식품을 찾는 것 역시 중요합니다. 닭고기에 알레르기 반응을 보인다면 같은 단백질군인 쇠고기나 생선류 중에서 먹어도 괜찮은 식품을 찾아 대체하는 방식입니다.

식품으로 인한 알레르기는 일정기간이 지나면 자연치유되는 경우가 많기 때문에, 아이의 상태를 살펴보면서 몇 개월 후 다시 시도하는 방식으로 점검하면서 지속적으로 관리해야 바른 식습관을 형성하는 데 좋습니다.

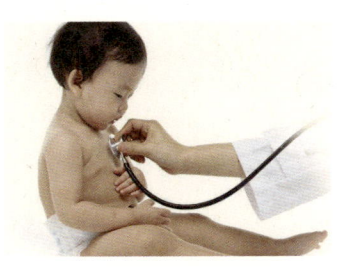

5 | 내 아이에게 맞는 건강기능식품 찾기

편식이나 건강상의 문제 때문에 식품만으로 아이에게 공급하는 영양분이 부족할 경우 엄마들은 건강기능식품을 구매하게 됩니다. 이때 필요한 정보를 다섯 가지 소개합니다.

① 건강기능식품 문구 확인하기

제품 앞면에 건강기능식품 마크와 '건강기능식품'이라는 문구가 있는지 확인하세요. 마크와 문구가 있는 제품만이 식약청에서 인정한 건강기능식품이며, 심의필 마크도 있어야 기능성에 대한 인증이 완료된 것입니다.

또한 믿을 만한 제조사, 판매사인지도 확인하세요. 우수의약품품질기준 GMP 인증을 받은 회사에서 생산한 제품을 구매하는 것이 안전합니다.

② 함량과 권장량 확인하기

아이의 성별, 연령에 따라 필요한 양이 다르므로 제품에 표기된 영양정보를 꼭 확인하는 것이 좋습니다. 영양·기능 정보에 표기된 영양소 권장량을 100% 함유하고 있고, 다양한 성분이 골고루 들어 있는 것을 골라야 합니다. 특히 어린이는 성인과 필요량이 다르므로 어린이 기준치인지 꼭 확인합니다.

간혹 해외(미국, 캐나다, 호주 등) 제품의 경우 우리나라와 식습관이 달라 반드시 섭취해야 하는 영양소가 다르고 간혹 함량미달인 제품도 있으므로 되도록 국내 제품을 구입하기를 권합니다.

영양·기능정보	1일 섭취량: 1포(2g)	
[아연] ①정상적인 면역기능에 필요 ②정상적인 세포분열에 필요 [프로바이오틱스] ①유익균 증식 및 유해균 억제에 도움 ②배변활동 원활에 도움		
1일 섭취량당	함량	%영양소 기준치
열량	10Kcal	
탄수화물	2g	0.6%
나트륨	0g	0%
지방	0g	0%
단백질	0g	0%
아연	3mg	35%
프로바이오틱스	60억 마리 이상	

%영양소 기준치: 1일 영양소 기준치에 대한 비율
( )안의 수치는 1~2세 어린이의 한국인 1일 영양섭취기준(2010년)

영양·기능정보
영양기능정보 표시는 열량, 탄수화물, 나트륨, 지방, 단백질 기능성분을 의무적으로 표시하고 있습니다. 이 제품의 1일 섭취량은 1포입니다.

기능정보
제품을 이루는 주 성분의 기능을 표시하고 있습니다.

1일 섭취량당 함량
1일 섭취량당인지 1회 섭취량당인지에 따라 영양성분 함량이 크게 달라집니다. 1일 섭취량을 꼭 확인하세요!

%영양소 기준치
%영양소기준치는 하루에 섭취해야 할 영양성분의 영양소기준치를 100%라고 할 때 해당 식품의 섭취를 통해 얻는 영양성분의 비율입니다.

기능성분
기능성 성분의 종류와 함량을 표시합니다. 이 제품은 아연과 유산균이 들어있습니다.

연령별 영양소기준치
일반 기준치가 아닌 각 대상의 연령별 기준을 추가로 표기할 수 있습니다. 이 제품은 1~2세 어린이 기준이 추가로 표기되어 있습니다.

③ 영양상태에 맞는 성분인지 확인하기

영양제는 무조건 많이 먹는다고 좋은 게 아닙니다. 우리 아이 영양상태에 맞는 제품을 구입하는 것이 가장 효과적이지요. 초유와 유산균은 태어날 때부터 먹여도 좋고, 비타민은 생후 6개월이 지나면 먹입니다.

아이가 편식해서 영양적으로 불균형하면 종합비타민을 권합니다. 간혹 비타민을 사탕이나 껌으로 생각해서 권장량보다 많이 먹을 수도 있으니, 정량만 먹도록 엄마가 신경써주세요.

성장기에 우유를 잘 먹지 않으면 종합비타민과 칼슘을 같이 먹이세요. 그렇다고 너무 고함량의 칼슘을 선택하면 위장장애가 올 수 있으니 적정량의 칼슘을 섭취하는 것이 좋습니다.

만약 감기에 자주 걸리는 등 면역력이 약해졌다면 유산균과 아연, 초유가 도움이 됩니다. 공부하는 아이라면 두뇌건강을 위해 DHA가 풍부한 오메가 3가 좋습니다.

만약 또래 친구들에 비해 체중이 현저하게 적거나 입이 짧고 편식한다면 몸속에 아연이 부족한 경우가 많습니다. 또한 피부가 건성으로 변하고, 심하면 아토피 증세가 나타나기도 합니다. 아연은 면역체계에 필수적인 역할을 하므로 부족하지 않게 지속적으로 섭취해야 합니다. 이럴 때는 아연 성분을 꼼꼼히 찾아 영양제를 선택해주세요.

④ 제조일자와 유통기한 확인하기

비타민제는 잘못 보관할 경우 변질·부패하기 쉽습니다. 상온에서 뚜껑을 제대로 닫지 않고 두면 쉽게 변질합니다. 되도록 밀봉해서 냉동보관하는 것을 추천합니다. 하지만 너무 더운 여름이 아니라면 상온보관을 해도 괜찮아요.

그리고 복용기간을 고려해 유효기간이 최소 6개월 이상 남아 있는 제품을 선택합니다.

제조번호:
유통기한 : 제조일로부터 24개월　　　　까지

⑤ 아이에게 미리 테스트해서 확인하기

아무리 몸에 좋은 제품도 우리 아이가 잘 먹지 않으면 소용이 없습니다. 아이에게 필요한 샘플 제품을 미리 받아서 맛보게 해 아이가 거부하지 않을 때 구입해도 늦지 않습니다.

그리고 아이의 건강을 생각해서 먹이는 제품인 만큼 최대한 당분과 합성첨가물이 들어 있지 않는 제품을 선택해주세요.(예 : 3無첨가 - 무합성착향료, 무합성착색료, 무합성감미료)

유독 우리나라 사람들은 해외에서 만든 제품을 선호합니다. 소비자들은 해외에서 만든 제품이 질적인 면에서 우수하고, 보다 까다로운 절차에 의해서 만들어진다고 생각하는데, 그건 잘못된 생각입니다.

국내 식약처에서도 엄격한 기준을 통해 건강기능식품을 관리하고 있으므로, 맹목적으로 해외 제품이 우수하다는 생각은 이제 버리세요. 또한 나라마다 영양소 기준이 다르고 개인의 상태가 다르기 때문에 자신에게 맞는 제품을 고르는 것이 더욱 중요합니다.

아이와 어른의 필요량이 다르고 한국인과 미국인의 권장량이 다르다는 점을 잊지 말아야 합니다. 내 아이에게 맞지도 않고 필요하지도 않은 성분인데, 어느 나라 제품인지 혹은 어떤 브랜드인지가 과연 중요할까요? 가장 중요한 건 원산지나 브랜드보다 내 아이 연령과 영양상태에 맞는 제품을 선택하는 것입니다.

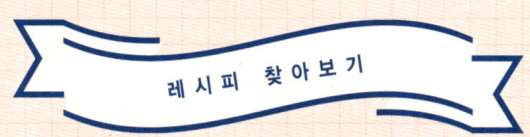
레시피 찾아보기

반찬 찾아보기

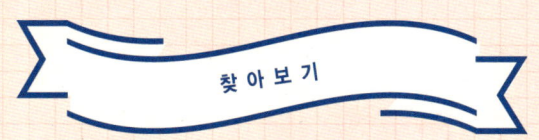
찾아보기

초기 유아식 식단표

생후 15~24개월

■ 해당 레시피는 첫째, 셋째, 넷째, 다섯째마당 보기 ■ *는 〈초보엄마 안심 이유식〉 보기. 파란색은 베베쿡 제품이고 유사제품으로 대체 가능
■ 〈초보엄마 안심 이유식〉 책이 없는 분은 베베쿡(www.bebecook.com)에서 이유식 완료기 레시피를 참고하세요.

	1일차	2일차	3일차	4일차	5일차	6일차	7일차
아침(한그릇밥)	발아현미고구마밥*	한우오트밀영양진밥*	닭곰탕진밥*	흰살생선채소진밥*	청국장비빔밥*	한우콩나물진밥*	닭살배추진밥*
간식	꼬마핫도그	고구마맛탕	단호박샐러드	토마토소스떡볶이	나쁜엄마과일주스	시금치수제비	늙은호박김치지짐
점심(1식3찬) 밥+아이김치 공통	쇠고기밥조림 느타리두부볶음 닭곰탕진밥*	닭고기우유조림 채소된장구이 아가육개장	흰살생선무조림 연근고구마조림 쇠고기뭇국	샤브샤브덮밥소스 잔멸치애호박볶음 들깨채소국	해물파프리카볶음 들깨소스시금치나물 쇠고기미역국	닭고구마탕 달걀찜① 꽃게된장국	연두부게살버섯찜 돼지고기마늘종볶음 미소된장국
간식	호박콩팥범벅	나쁜엄마쌀과자	새우치즈감자크로켓	바나나스무디	삼색고구마경단	알감자구이	그릭요거트
저녁(1식3찬) 밥+아이김치 공통	섭산적 시금치달걀찜 모시조개맑은국	오징어볼채소조림 채소두부찜② 조랭이떡국	한우불고기 들깨소스시금치견과나물③ 굴부추국	흰살생선달걀말이 배추속댓장과 쇠고기완자맑은국	쇠고기두부찜 새송이버섯장조림 애호박새우탕	흰살생선데리야키조림 무나물잣소스버무림 아기만둣국	아기잡채 채소된장구이 대구맑은국

	8일차	9일차	10일차	11일차	12일차	13일차	14일차
아침(한그릇밥)	연어버섯진밥*	달걀채소비빔밥*	불고기진밥*	감자채볶음밥*	두부영양진밥*	한우무나물진밥*	누룽지채소진밥*
간식	감자치즈구이	토마토스파게티	즉석과일잼	나쁜엄마쌀과자	단호박수프	그릭요거트	치즈감자크로켓④
점심(1식3찬) 밥+아이김치 공통	한우불고기 양송이두부볶음⑤ 굴부추국	닭감자탕⑥ 해물파프리카볶음 들깨채소국	섭산적 무나물잣소스버무림 게살미역국⑦	쇠고기밥조림 아기잡채 아욱된장국⑧	참치데리야키조림⑨ 들깨소스시금치나물 바지락맑은국⑩	샤브샤브덮밥소스 채소된장구이 동태맑은국⑪	흰살생선무조림 시금치달걀찜 아가육개장
간식	계피향과일조림	나쁜엄마과일주스	당근아몬드찜케이크	닭가슴살크림수프	닭고기커틀릿	김치지짐⑫	롤샌드위치
저녁(1식3찬) 밥+아이김치 공통	흰살생선달걀말이 연근고구마조림 닭곰탕진밥*	쇠고기두부찜 아기잡채 흰살생선완자맑은국⑬	돼지불고기⑭ 잔멸치감자볶음 아기만둣국	흰살생선우유조림⑯ 채소두부찜 쇠고기뭇국	쇠고기볼채소조림⑰ 새송이버섯장조림 조랭이떡국	한우불고기 보리새우마늘종볶음⑱ 닭고기채소전골	연두부새우살버섯찜⑲ 배추속댓장과 미소된장국

① 달걀찜 : 시금치달걀찜에서 시금치 빼고 조리
② 채소두부찜 : 쇠고기두부찜에서 쇠고기 대신 채소 사용
③ 들깨소스시금치견과나물 : 들깨소스시금치나물에 호두, 아몬드, 잣 등 견과류 추가해서 조리
④ 치즈감자크로켓 : 새우치즈감자크로켓에서 새우 빼고 조리
⑤ 양송이두부볶음 : 느타리두부볶음에서 느타리버섯 대신 양송이버섯 사용
⑥ 닭감자탕 : 닭고구마탕에서 고구마 대신 감자 사용
⑦ 게살미역국 : 쇠고기미역국에서 쇠고기 대신 게살 사용
⑧ 아욱된장국 : 미소된장국에서 팽이버섯 대신 아욱 사용
⑨ 참치데리야키조림 : 흰살생선데리야키조림에서 흰살생선 대신 참치 사용

⑩ 바지락맑은국 : 모시조개맑은국에서 모시조개 대신 바지락 사용
⑪ 동태맑은국 : 대구맑은국에서 대구 대신 동태 사용
⑫ 김치지짐 : 늙은호박김치지짐에서 늙은호박 빼고 조리
⑬ 흰살생선완자맑은국 : 쇠고기완자맑은국에서 쇠고기 대신 흰살생선 사용
⑭ 돼지불고기 : 한우불고기에서 쇠고기 대신 돼지고기 사용
⑮ 잔멸치감자볶음 : 잔멸치애호박볶음에서 애호박 대신 감자 사용
⑯ 흰살생선우유조림 : 닭고기우유조림에서 닭고기 대신 흰살생선 사용
⑰ 쇠고기볼채소조림 : 오징어볼채소조림에서 오징어 대신 쇠고기 사용
⑱ 보리새우마늘종볶음 : 돼지고기마늘종볶음에서 돼지고기 대신 보리새우 사용
⑲ 연두부새우살버섯찜 : 연두부게살버섯찜에서 게살 대신 새우살 사용

후기 유아식 식단표 1

생후 25개월~7세

■ 해당 레시피는 둘째, 셋째, 넷째, 다섯째마당 보기 ■ *는 〈초보엄마 안심 이유식〉 보기. 파란색은 베베쿡 제품이고 유사제품으로 대체 가능
■ 〈초보엄마 안심 이유식〉 책이 없는 분은 베베쿡(www.bebecook.com)에서 이유식 완료기 레시피를 참고하세요.

	1일차	2일차	3일차	4일차	5일차	6일차	7일차
아침(한그릇밥)	한우콩나물국밥	백김치볶음덮밥	아기영양밥	해물토마토덮밥	닭고기바비큐덮밥	한우양송이덮밥	굴소스버섯덮밥
간식	즉석과일잼	토마토소스떡볶이	시금치수제비	계피향과일조림	나쁜엄마과일주스	롤샌드위치	닭가슴살크림수프
점심(1식3찬) 밥+아이김치 공통	돼지고기장조림 감자잡채 모시조개맑은국	쇠고기연근완자조림 오색피클 조랭이떡국	해물짜장 새송이버섯조림 들깨채소국	아기닭갈비 아기삼색나물 굴부추국	쇠간토마토조림 멸치견과류볶음① 닭고기채소전골	채소었은생선지짐 연근채곤약조림② 미소된장국	삼치된장구이 들깨소스버섯무침 아기육개장
간식	단호박수프	늙은호박김치지짐	그릭요거트	당근아몬드찜 케이크	꼬마핫도그	바나나스무디	나쁜엄마쌀과자
저녁(1식3찬) 밥+아이김치 공통	아기해물찜 우엉채곤약조림 닭곰탕진밥*	아기간장찜닭 멸치아몬드볶음 쇠고기뭇국	쇠고기커틀릿 검은콩호두조림 애호박새우탕	연어스테이크 감자잡채 꽃게된장국	매콤오징어볶음 찹쌀경단탕수 아기만둣국	닭가슴살카레 수제어묵찜 쇠고기미역국	한우메추리알장조림 뱅어포케첩구이 대구맑은국

	8일차	9일차	10일차	11일차	12일차	13일차	14일차
아침(한그릇밥)	뿌리채소영양밥	닭고기바비큐덮밥	마파두부덮밥	달걀베이컨덮밥	닭가슴살채소덮밥	짬뽕소스덮밥	새우볶음밥
간식	시금치수제비	그릭요거트	단호박샐러드	치즈감자크로켓③	고구마맛탕	나쁜엄마과일주스	토마토스파게티
점심(1식3찬) 밥+아이김치 공통	가자미된장구이④ 양송이버섯장조림⑤ 닭고기채소전골	쇠간토마토조림 멸치아몬드볶음 쇠고기완자맑은국	아기닭갈비 시금치나물⑥ 바지락맑은국⑦	한우장조림⑧ 감자잡채 게살미역국⑨	채소었은생선지짐 고사리나물⑩ 조랭이떡국	아기간장찜닭 강낭콩호두조림⑪ 굴부추국	쇠고기카레⑫ 수제어묵찜 닭곰탕진밥*
간식	호박콩팥범벅	감자치즈구이	나쁜엄마쌀과자	토마토스파게티	알감자구이	김치지짐⑬	블루베리스무디⑭
저녁(1식3찬) 밥+아이김치 공통	쇠고기짜장⑮ 찹쌀경단탕수 미소된장국	연어스테이크 우엉채곤약조림 아기육개장	아기해물찜 메추리알조림⑯ 쇠고기뭇국	매콤오징어볶음 들깨소스버섯무침 아기만둣국	돼지고기커틀릿⑰ 오색피클 아욱된장국⑱	쇠고기연근완자조림 뱅어포케첩구이 들깨채소국	돼지고기감자장조림⑲ 무나물⑳ 애호박새우탕

① 멸치견과류볶음 : 멸치어몬드볶음에 호두, 잣 등 견과류 추가
② 연근채곤약조림 : 우엉채곤약조림에서 우엉 대신 연근 사용
③ 치즈감자크로켓 : 새우치즈감자크로켓에서 새우 빼고 조리
④ 가자미된장구이 : 삼치된장구이에서 삼치 대신 가자미 사용
⑤ 양송이버섯장조림 : 새송이버섯장조림에 새송이버섯 대신 양송이버섯 사용
⑥ 시금치나물 : 아기삼색나물
⑦ 바지락맑은국 : 모시조개맑은국에서 모시조개 대신 바지락 사용
⑧ 한우장조림 : 한우메추리알장조림에서 메추리알 빼고 조리
⑨ 게살미역국 : 쇠고기미역국에서 쇠고기 대신 게살 사용
⑩ 고사리나물 : 아기삼색나물

⑪ 강낭콩호두조림 : 검은콩호두조림에서 검은콩 대신 강낭콩 사용
⑫ 쇠고기카레 : 닭가슴살카레에서 닭고기 대신 쇠고기 사용
⑬ 김치지짐 : 늙은호박김치지짐에서 늙은호박 빼고 조리
⑭ 블루베리스무디 : 바나나스무디에서 바나나 대신 블루베리 사용
⑮ 쇠고기짜장 : 해물짜장에서 해물 대신 쇠고기 사용
⑯ 메추리알조림 : 한우메추리알장조림에서 쇠고기 빼고 조리
⑰ 돼지고기커틀릿 : 쇠고기커틀릿에서 쇠고기 대신 돼지고기 사용
⑱ 아욱된장국 : 꽃게된장국에서 꽃게 대신 아욱 사용
⑲ 돼지고기감자장조림 : 돼지고기장조림에 감자 추가
⑳ 무나물 : 아기삼색나물

〈초보엄마 2~7세 알찬밥상〉 선물 – 잘라서 사용하세요.

후기 유아식 식단표 2

생후 25개월~7세

■ 해당 레시피는 둘째, 셋째, 넷째, 다섯째마당 보기 ■ *는 〈초보엄마 안심 이유식〉 보기. 파란색은 베베쿡 제품이고 유사제품으로 대체 가능

■ 〈초보엄마 안심 이유식〉 책이 없는 분은 베베쿡(www.bebecook.com)에서 이유식 완료기 레시피를 참고하세요.

	1일차	2일차	3일차	4일차	5일차	6일차	7일차
아침(한그릇밥)	닭가슴살채소덮밥	짬뽕소스덮밥	한우양송이덮밥	달걀베이컨덮밥	돼지고기볶음밥	뿌리채소영양밥	마파두부덮밥
간식	새우치즈감자크로켓	당근아몬드찜케이크	꼬마핫도그	시금치수제비	나쁜엄마쌀과자	롤샌드위치	단호박샐러드
점심(1식3찬) 밥+아이김치 공통	한우불고기 수제어묵찜 들깨채소국	닭가슴살카레 쇠고기두부찜 애호박새우탕	채소얹은생선찌짐 들깨소스시금치나물 아기육개장	쇠고기커틀릿 오색피클 꽃게된장국	연두부계살버섯찜 검은콩호두조림 쇠고기완자맑은국	한우메추리알장조림 채소두부찜 미소된장국	닭고기우유조림 쇠간토마토조림 모시조개맑은국
간식	바나나스무디	삼색고구마경단	그릭요거트	알감자구이	계피향과일조림	닭고기커틀릿	나쁜엄마과일주스
저녁(1식3찬) 밥+아이김치 공통	삼치된장구이 새송이버섯장조림 쇠고기미역국	샤브샤브덮밥소스 뱅어포케첩구이 닭곰탕진밥*	아기간장찜닭 돼지고기마늘종볶음 굴부추국	흰살생선데리야키조림 채소된장국 쇠고기뭇국	꼬마닭갈비 잔멸치애호박볶음 조랭이떡국	연어스테이크 아기잡채 닭고기채소전골	아기해물찜 무나물잣소스버무림 아기만둣국

	8일차	9일차	10일차	11일차	12일차	13일차	14일차
아침(한그릇밥)	아기영양밥	백김치볶음덮밥	닭고기바비큐덮밥	해물토마토덮밥	제육볶음덮밥	달걀베이컨덮밥	한우콩나물국밥
간식	늙은호박김치지짐	토마토스파게티	고구마맛탕	나쁜엄마과일주스	즉석과일잼	감자치즈구이	호박콩팥범벅
점심(1식3찬) 밥+아이김치 공통	오징어볼채소조림 연근고구마조림 쇠고기뭇국	닭고구마탕 들깨소스시금치견과나물 계살미역국①	매콤오징어볶음 배추쌈대장과 닭고기채소전골	섭산적 새송이버섯장조림 아기육개장	흰살생선달걀말이 아기삼색나물 아기육개장	쇠고기볼채소조림② 멸치아몬드볶음 닭곰탕진밥*	가자미된장구이③ 감자잡채 아기만둣국
간식	블랙베리스무디④	나쁜엄마쌀과자	닭가슴살크림수프	치즈감자크로켓⑤	닭고기커틀릿	그릭요거트	토마토소스떡볶이
저녁(1식3찬) 밥+아이김치 공통	돼지고기장조림 보리새우마늘종볶음⑥ 조랭이떡국	해물짜장 찹쌀경단탕수 미소된장국	쇠고기연근완자조림 들깨소스버섯무침 바지락맑은국⑦	해물파프리카볶음 메추리알조림⑧ 들깨채소국	쇠고기밥조림 느타리두부볶음 굴부추국	흰살생선무조림 우엉채곤약조림 쇠고기미역국	돼지고기커틀릿⑨ 시금치달걀찜 아욱된장국⑩

① 계살미역국 : 쇠고기미역국에서 쇠고기 대신 계살 사용
② 쇠고기볼채소조림 : 오징어볼채소조림에서 오징어 대신 쇠고기 사용
③ 가자미된장구이 : 삼치된장구이에서 삼치 대신 가자미 사용
④ 블랙베리스무디 : 바나나스무디에서 바나나 대신 블랙베리 사용
⑤ 치즈감자크로켓 : 새우치즈감자크로켓에서 새우 빼고 조리
⑥ 보리새우마늘종볶음 : 돼지고기마늘종볶음에서 돼지고기 대신 보리새우 사용
⑦ 바지락맑은국 : 모시조개맑은국에서 모시조개 대신 바지락 사용
⑧ 메추리알조림 : 한우메추리알장조림에서 쇠고기 빼고 조리
⑨ 돼지고기커틀릿 : 쇠고기커틀릿에서 쇠고기 대신 돼지고기 사용
⑩ 아욱된장국 : 꽃게된장국에서 꽃게 대신 아욱 사용

〈초보엄마 2~7세 알찬밥상〉 선물 – 잘라서 사용하세요.